Zahlenzauber 2

Mathematikbuch
für die Grundschule

Erarbeitet von
Bettina Betz, Ruth Dolenc-Petz,
Hedwig Gasteiger, Helga Gehrke,
Petra Ihn-Huber, Ursula Kobr, Gerti Kraft,
Christine Kullen, Elisabeth Plankl,
Beatrix Pütz, Karl-Wilhelm Schweden

Illustriert von
Mathias Hütter
Kristina Klotz

Oldenbourg

Inhaltsverzeichnis

Lisa

Lisa kauft einen Malkasten für 7 €.

16 €

START

Paul

Susis Schwester ist 4 Jahre jünger als sie.

6 + 5 = ☐

12 - 5 = ☐

14 €

Lisa schenkt ihrem Bruder die Hälfte des Geldes.

Oma schenkt Lisa noch 5 €.

9 €

13 - 6 = ☐

7 + 7 = ☐

ZIEL

In 4 Stunden geht Paul ins Bett.

In 2 Stunden beginnt Pauls Fußballspiel.

Susis Bruder ist doppelt so alt wie sie.

Susi

Susi ist 1 Jahr älter als Sarah.

20 − 8 = ☐

Vor 4 Stunden kam Paul aus der Schule.

8 + 4 = ☐

Vor 3 Stunden aß Paul zu Mittag.

11 − 2 = ☐

Würfelspiel für 2–4 Mitspieler:

Würfle und rücke vor. Landest du auf einer Rechenaufgabe, löse sie.

Richtiges Ergebnis: 3 Felder vorrücken

Falsches Ergebnis: 2 Felder zurück

1 Immer 10

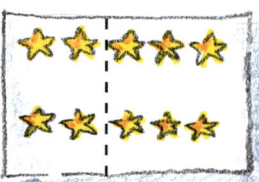 

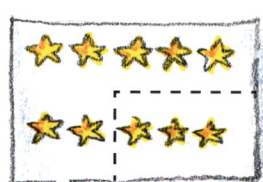 

Ayse schneidet entlang der Linien.

a) Zeichne und schreibe so auf.

b) Welche Möglichkeiten gibt es noch?

$$10 = 2 + 8 \qquad 10 = 8 + 2$$

2 Immer 20
Legt und schreibt die Rechnungen auf.

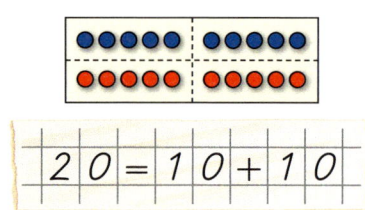 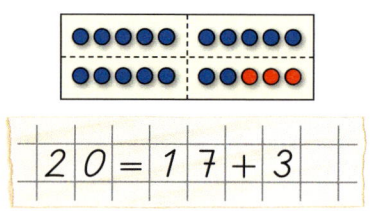

$$20 = 10 + 10 \qquad 20 = 17 + 3$$

Findest du alle Zerlegungen?

3 Schreibe die Zerlegungen von 10 und 20 geordnet auf.

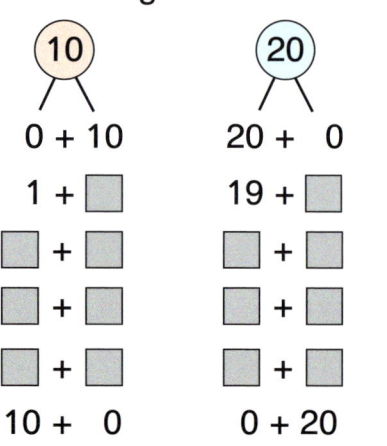

10	20
0 + 10	20 + 0
1 + ☐	19 + ☐
☐ + ☐	☐ + ☐
☐ + ☐	☐ + ☐
☐ + ☐	☐ + ☐
10 + 0	0 + 20

4 Ergänze.

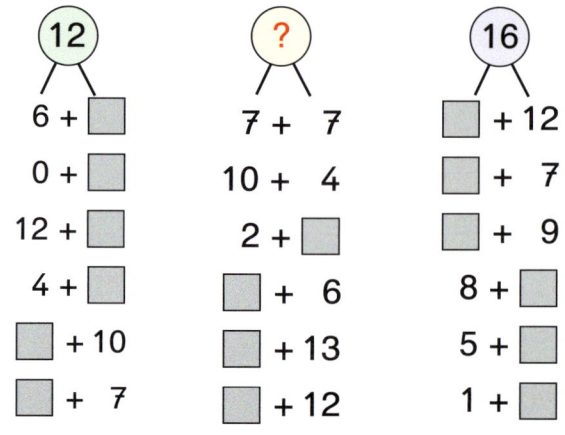

12	?	16
6 + ☐	7 + 7	☐ + 12
0 + ☐	10 + 4	☐ + 7
12 + ☐	2 + ☐	☐ + 9
4 + ☐	☐ + 6	8 + ☐
☐ + 10	☐ + 13	5 + ☐
☐ + 7	☐ + 12	1 + ☐

5 Zerlege auch 11, 15, 18, …

6 Besondere Zerlegungen: Manche Zahlen kann man in 2 gleiche Teile zerlegen. Überprüfe am Zwanzigerfeld.

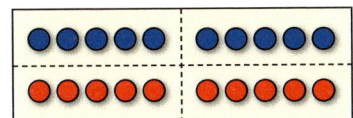   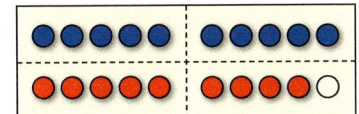

Schreibe die Rechnung auf:

geht	geht nicht
$20 = 10 + 10$	$19 = 10 + 9$

7 Zeichne und beschrifte einen Zahlenstrahl.
Färbe alle Zahlen blau, die du in 2 gleiche Teile zerlegen kannst.
Färbe die anderen Zahlen rot.

Nach einer geraden Zahl kommt immer eine ungerade Zahl!

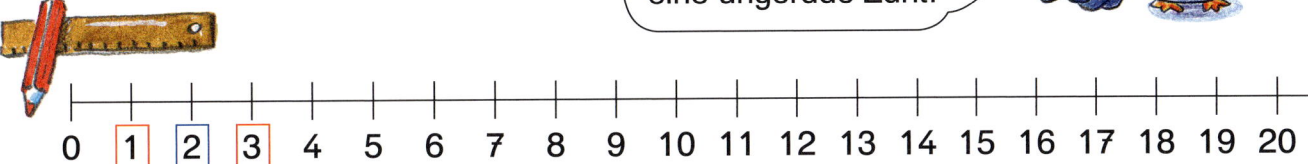

0 1 2 3 4 5 6 7 8 9 10 11 12 13 14 15 16 17 18 19 20

Zahlen, die man in 2 gleiche Teile zerlegen kann, heißen gerade Zahlen.
Zahlen, die man nicht in 2 gleiche Teile zerlegen kann, heißen ungerade Zahlen.

8 Bilde Plusaufgaben mit geraden und ungeraden Zahlen.

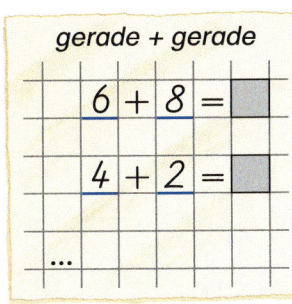   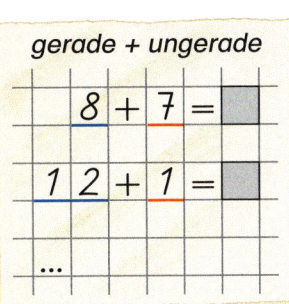   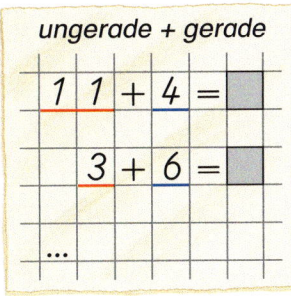   

Finde eine Regel:

gerade + gerade = ?   ungerade + gerade = ?
gerade + ungerade = ?   ungerade + ungerade = ?

9 Wie ist das bei Minusaufgaben? Arbeite wie in Aufgabe **8**.

gerade – gerade	gerade – ungerade	ungerade – gerade	ungerade – ungerade
$12 - 6 = $	$14 - 7 = $	$17 - 8 = $	$13 - 5 = $
...	...	...	...

Verdoppeln (Nachbaraufgabe)	Zwischenstopp bei 10	Nahe an der 10	Tauschaufgabe
6 + 7 = ☐	8 + 7 = ☐	9 + 6 = ☐	3 + 8 = ☐
6 + 6 + 1 = ☐	2 5	10 + 6 – 1 = ☐	8 + 3 = ☐

① Rechne geschickt.

a) 8 + 6 = ☐

 7 + 5 = ☐

 9 + 4 = ☐

 8 + 8 = ☐

b) 8 + 4 = ☐

 7 + 9 = ☐

 8 + 7 = ☐

 5 + 7 = ☐

c) 8 + 9 = ☐

 7 + 6 = ☐

 6 + 5 = ☐

 5 + 9 = ☐

d) 2 + 9 = ☐

 3 + 9 = ☐

 4 + 8 = ☐

 6 + 6 = ☐

② So schreibt Simsala Aufgaben, die über die 10 springen.

Rechne wie Simsala.

a) 3 + 8 = ☐

 5 + 8 = ☐

 7 + 8 = ☐

 9 + 8 = ☐

 …

b) 6 + 5 = ☐

 6 + 6 = ☐

 6 + 7 = ☐

 6 + 8 = ☐

 …

c) 5 + 6 = ☐

 4 + 7 = ☐

 3 + 8 = ☐

 2 + 9 = ☐

 …

d) 5 + 6 = ☐

 6 + 7 = ☐

 7 + 8 = ☐

 8 + 9 = ☐

 …

③ Rechne auf deinem Weg.

a) 8 + 7 = ☐

 9 + 5 = ☐

 7 + 6 = ☐

 5 + 9 = ☐

b) 3 + 8 = ☐

 6 + 7 = ☐

 4 + 9 = ☐

 9 + 3 = ☐

c) 4 + 7 = ☐

 9 + 6 = ☐

 4 + 8 = ☐

 3 + 8 = ☐

d) 7 + 5 = ☐

 6 + 8 = ☐

 8 + 5 = ☐

 9 + 9 = ☐

Die Hälfte	Zwischenstopp bei 10	Nahe an der 10
16 − 8 = ☐	15 − 7 = ☐ ╱╲ 5 2	12 − 9 = ☐ 12 − 10 + 1 = ☐

4 Rechne geschickt.

a) 13 − 7 = ☐
15 − 8 = ☐
16 − 9 = ☐
12 − 5 = ☐

b) 12 − 8 = ☐
15 − 7 = ☐
18 − 9 = ☐
13 − 9 = ☐

c) 14 − 7 = ☐
15 − 9 = ☐
17 − 8 = ☐
16 − 8 = ☐

d) 17 − 9 = ☐
16 − 7 = ☐
12 − 6 = ☐
13 − 6 = ☐

5 So schreibt Bim Aufgaben, die unter die 10 springen.

Rechne wie Bim.

a) 12 − 6 = ☐
13 − 6 = ☐
14 − 6 = ☐
15 − 6 = ☐
…

b) 13 − 5 = ☐
13 − 6 = ☐
13 − 7 = ☐
13 − 8 = ☐
…

c) 14 − 9 = ☐
13 − 8 = ☐
12 − 7 = ☐
11 − 6 = ☐
…

d) 11 − 5 = ☐
12 − 6 = ☐
13 − 7 = ☐
14 − 8 = ☐
…

6 Rechne auf deinem Weg.

a) 13 − 8 = ☐
10 − 6 = ☐
18 − 9 = ☐
12 − 6 = ☐

b) 13 − 7 = ☐
15 − 6 = ☐
12 − 9 = ☐
17 − 9 = ☐

c) 11 − 4 = ☐
12 − 7 = ☐
13 − 6 = ☐
13 − 8 = ☐

d) 14 − 7 = ☐
14 − 5 = ☐
12 − 3 = ☐
11 − 9 = ☐

+0	+1	+2	+3	+4
0 + 0 = ☐	0 + 1 = ☐	0 + 2 = ☐	0 + 3 = ☐	0 + 4 = ☐
1 + 0 = ☐	1 + 1 = ☐	1 + 2 = ☐	1 + 3 = ☐	1 + 4 = ☐
2 + 0 = ☐	2 + 1 = ☐	2 + 2 = ☐	2 + 3 = ☐	2 + 4 = ☐
3 + 0 = ☐	3 + 1 = ☐	3 + 2 = ☐	3 + 3 = ☐	3 + 4 = ☐
4 + 0 = ☐	4 + 1 = ☐	4 + 2 = ☐	4 + 3 = ☐	4 + 4 = ☐
5 + 0 = ☐	5 + 1 = ☐	5 + 2 = ☐	5 + 3 = ☐	5 + 4 = ☐
6 + 0 = ☐	6 + 1 = ☐	6 + 2 = ☐	6 + 3 = ☐	6 + 4 = ☐
7 + 0 = ☐	7 + 1 = ☐	7 + 2 = ☐	7 + 3 = ☐	7 + 4 = ☐
8 + 0 = ☐	8 + 1 = ☐	8 + 2 = ☐	8 + 3 = ☐	8 + 4 = ☐
9 + 0 = ☐	9 + 1 = ☐	9 + 2 = ☐	9 + 3 = ☐	9 + 4 = ☐
10 + 0 = ☐	10 + 1 = ☐	10 + 2 = ☐	10 + 3 = ☐	10 + 4 = ☐

 1 Welche ⊕-Aufgaben sind für dich leicht? Zeige sie deinem Partner. Rechne mündlich. Dein Partner kontrolliert.

Diese Aufgaben musst du dir gut merken!

2 Es gibt rote, grüne und blaue Aufgaben. Was fällt dir auf?

 a) Stelle die Aufgaben deinem Partner.
b) Schreibe die Aufgaben auswendig auf.

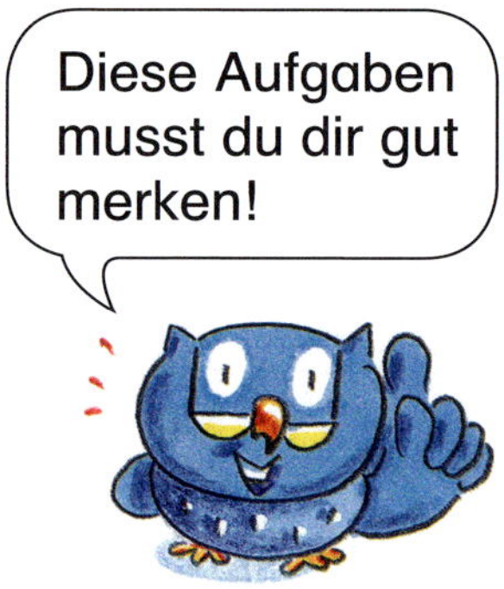

3 Schreibe zu jeder roten und zu jeder grünen Aufgabe eine Nachbaraufgabe in dein Heft.

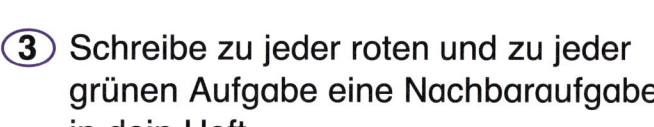

 4 Suche alle Aufgaben in den Türmen mit dem Ergebnis 15 (12, 17, 13). Schreibe sie auf.

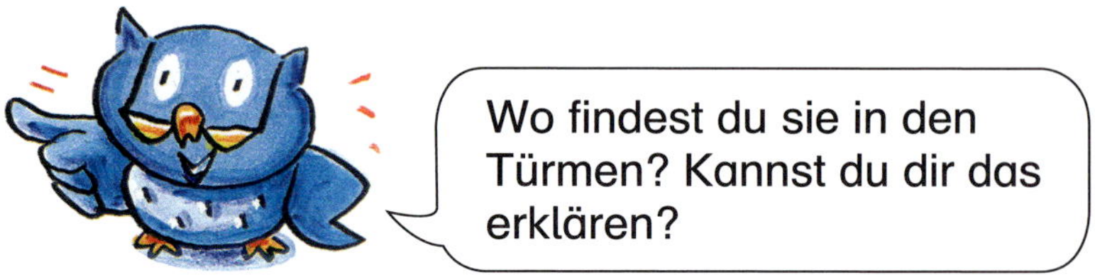

Wo findest du sie in den Türmen? Kannst du dir das erklären?

Flags: +5 +6 +7 +8 +9 +10

+5	+6	+7	+8	+9	+10
$0 + 5 = \square$	$0 + 6 = \square$	$0 + 7 = \square$	$0 + 8 = \square$	$0 + 9 = \square$	$0 + 10 = \square$
$1 + 5 = \square$	$1 + 6 = \square$	$1 + 7 = \square$	$1 + 8 = \square$	$1 + 9 = \square$	$1 + 10 = \square$
$2 + 5 = \square$	$2 + 6 = \square$	$2 + 7 = \square$	$2 + 8 = \square$	$2 + 9 = \square$	$2 + 10 = \square$
$3 + 5 = \square$	$3 + 6 = \square$	$3 + 7 = \square$	$3 + 8 = \square$	$3 + 9 = \square$	$3 + 10 = \square$
$4 + 5 = \square$	$4 + 6 = \square$	$4 + 7 = \square$	$4 + 8 = \square$	$4 + 9 = \square$	$4 + 10 = \square$
$5 + 5 = \square$	$5 + 6 = \square$	$5 + 7 = \square$	$5 + 8 = \square$	$5 + 9 = \square$	$5 + 10 = \square$
$6 + 5 = \square$	$6 + 6 = \square$	$6 + 7 = \square$	$6 + 8 = \square$	$6 + 9 = \square$	$6 + 10 = \square$
$7 + 5 = \square$	$7 + 6 = \square$	$7 + 7 = \square$	$7 + 8 = \square$	$7 + 9 = \square$	$7 + 10 = \square$
$8 + 5 = \square$	$8 + 6 = \square$	$8 + 7 = \square$	$8 + 8 = \square$	$8 + 9 = \square$	$8 + 10 = \square$
$9 + 5 = \square$	$9 + 6 = \square$	$9 + 7 = \square$	$9 + 8 = \square$	$9 + 9 = \square$	$9 + 10 = \square$
$10 + 5 = \square$	$10 + 6 = \square$	$10 + 7 = \square$	$10 + 8 = \square$	$10 + 9 = \square$	$10 + 10 = \square$

(5) Rechne alle Aufgaben, in denen die 5 (10, 0) vorkommt.

(6) Setze die Päckchen fort. Zeige die Aufgaben an den Rechentürmen und schreibe sie in dein Heft.

a) $8 + 0 = \square$
$7 + 1 = \square$
$6 + 2 = \square$
…

b) $7 + 0 = \square$
$7 + 1 = \square$
$7 + 2 = \square$
…

c) $3 + 5 = \square$
$3 + 6 = \square$
$3 + 7 = \square$
…

d) $9 + 5 = \square$
$8 + 6 = \square$
$7 + 7 = \square$
…

e) $3 + 10 = \square$
$4 + 9 = \square$
$5 + 8 = \square$
…

(7) Für hartnäckige "Stolperaufgaben": Üben mit der Lernkartei. Hänge ein Lernplakat zu Hause auf.

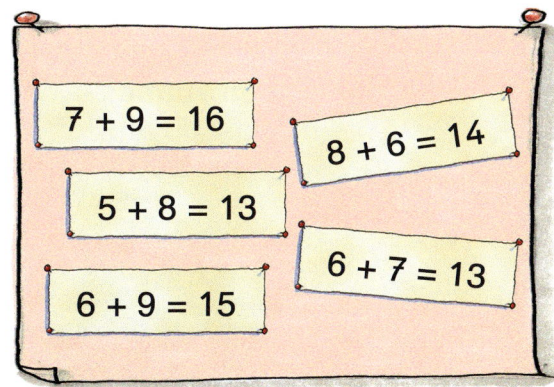

$7 + 9 = 16$
$8 + 6 = 14$
$5 + 8 = 13$
$6 + 7 = 13$
$6 + 9 = 15$

Hänge das Plakat zu Hause an einem "Hinguckerplatz" auf!

−0	−1	−2	−3	−4
10 − 0 = ☐	10 − 1 = ☐	10 − 2 = ☐	10 − 3 = ☐	10 − 4 = ☐
11 − 0 = ☐	11 − 1 = ☐	11 − 2 = ☐	11 − 3 = ☐	11 − 4 = ☐
12 − 0 = ☐	12 − 1 = ☐	12 − 2 = ☐	12 − 3 = ☐	12 − 4 = ☐
13 − 0 = ☐	13 − 1 = ☐	13 − 2 = ☐	13 − 3 = ☐	13 − 4 = ☐
14 − 0 = ☐	14 − 1 = ☐	14 − 2 = ☐	14 − 3 = ☐	14 − 4 = ☐
15 − 0 = ☐	15 − 1 = ☐	15 − 2 = ☐	15 − 3 = ☐	15 − 4 = ☐
16 − 0 = ☐	16 − 1 = ☐	16 − 2 = ☐	16 − 3 = ☐	16 − 4 = ☐
17 − 0 = ☐	17 − 1 = ☐	17 − 2 = ☐	17 − 3 = ☐	17 − 4 = ☐
18 − 0 = ☐	18 − 1 = ☐	18 − 2 = ☐	18 − 3 = ☐	18 − 4 = ☐
19 − 0 = ☐	19 − 1 = ☐	19 − 2 = ☐	19 − 3 = ☐	19 − 4 = ☐
20 − 0 = ☐	20 − 1 = ☐	20 − 2 = ☐	20 − 3 = ☐	20 − 4 = ☐

Die Aufgaben von 0 bis 10 konnte ich schon im 1. Schuljahr.

 1 Welche ⊖ -Aufgaben sind für dich leicht? Zeige sie deinem Partner. Rechne mündlich. Dein Partner kontrolliert.

2 Es gibt rote, grüne und blaue Aufgaben. Was fällt dir auf?

 a) Stelle die Aufgaben deinem Partner.
b) Schreibe die Aufgaben auswendig auf.

Diese Aufgaben musst du dir gut merken!

3 Schreibe zu jeder roten, zu jeder grünen und zu jeder blauen Aufgabe eine Nachbaraufgabe in dein Heft.

1	0	−	4	=	6
1	1	−	4	=	7

Wo findest du sie in den Türmen? Kannst du dir das erklären?

 4 Suche alle Aufgaben in den Türmen mit dem Ergebnis 5 (0, 10, 8). Schreibe sie auf.

−5	−6	−7	−8	−9	−10
10 − 5 = ☐	10 − 6 = ☐	10 − 7 = ☐	10 − 8 = ☐	10 − 9 = ☐	10 − 10 = ☐
11 − 5 = ☐	11 − 6 = ☐	11 − 7 = ☐	11 − 8 = ☐	11 − 9 = ☐	11 − 10 = ☐
12 − 5 = ☐	12 − 6 = ☐	12 − 7 = ☐	12 − 8 = ☐	12 − 9 = ☐	12 − 10 = ☐
13 − 5 = ☐	13 − 6 = ☐	13 − 7 = ☐	13 − 8 = ☐	13 − 9 = ☐	13 − 10 = ☐
14 − 5 = ☐	14 − 6 = ☐	14 − 7 = ☐	14 − 8 = ☐	14 − 9 = ☐	14 − 10 = ☐
15 − 5 = ☐	15 − 6 = ☐	15 − 7 = ☐	15 − 8 = ☐	15 − 9 = ☐	15 − 10 = ☐
16 − 5 = ☐	16 − 6 = ☐	16 − 7 = ☐	16 − 8 = ☐	16 − 9 = ☐	16 − 10 = ☐
17 − 5 = ☐	17 − 6 = ☐	17 − 7 = ☐	17 − 8 = ☐	17 − 9 = ☐	17 − 10 = ☐
18 − 5 = ☐	18 − 6 = ☐	18 − 7 = ☐	18 − 8 = ☐	18 − 9 = ☐	18 − 10 = ☐
19 − 5 = ☐	19 − 6 = ☐	19 − 7 = ☐	19 − 8 = ☐	19 − 9 = ☐	19 − 10 = ☐
20 − 5 = ☐	20 − 6 = ☐	20 − 7 = ☐	20 − 8 = ☐	20 − 9 = ☐	20 − 10 = ☐

(5) Rechne alle Aufgaben, in denen die 5 (10, 0) vorkommt.

(6) Setze die Päckchen fort. Zeige die Aufgaben an den Rechentürmen und schreibe sie in dein Heft.

a) 10 − 0 = ☐   b) 17 − 3 = ☐   c) 13 − 5 = ☐   d) 16 − 5 = ☐   e) 13 − 10 = ☐

 10 − 1 = ☐   16 − 3 = ☐   13 − 6 = ☐   16 − 6 = ☐   13 − 9 = ☐

 10 − 2 = ☐   15 − 3 = ☐   13 − 7 = ☐   16 − 7 = ☐   13 − 8 = ☐

 …   …   …   …   …

(7) Gibt es Aufgaben, bei denen du noch unsicher bist?
Denke an das Lernplakat.

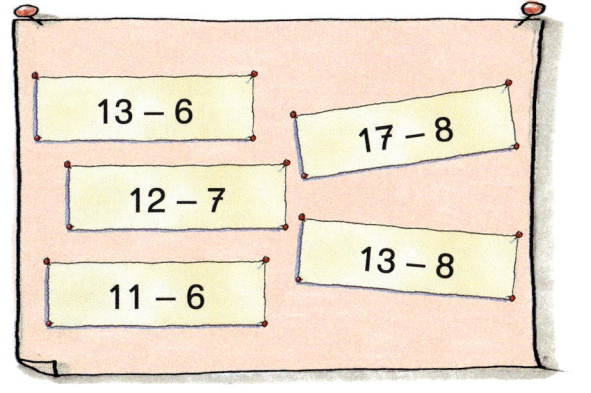

13 − 6

17 − 8

12 − 7

13 − 8

11 − 6

1 a) Würfelt und schreibt auf.
Jeder würfelt 5-mal.
Wer gewinnt?

b) Überlegt:
Welche Ergebnisse
sind möglich?
Wie heißt das kleinste?
Wie heißt das größte?

c) Schreibt jedes
mögliche
Ergebnis in
eine Liste.

2 a) Ein neues Spiel:
6 Spieler, 2 Würfel

– Jeder wählt sich eine
Ergebniszahl aus.
– Würfelt so oft wie
möglich.
– Jeder Treffer 1 Strich
– Spieldauer: 5 Minuten
– Spielt immer wieder mit
anderen Ergebniszahlen.
– Welche Zahlen kommen
am häufigsten vor?

3 Überlege, wie man bei diesem Spiel gewinnen kann.
Würfle ganz oft und mache eine Strichliste.

2	I	7	I I	
3		8	I I I I	
4	I I	9		
5		1 0	I I I	
6	I I I	1 1	I I	
		1 2	I	

Weißt du nun,
welches Ergebnis
du als nächstes
wählen würdest?

(4) Erstelle eine Tabelle zu Aufgabe **(3)** in deinem Heft. Notiere zu jeder gewürfelten Ergebniszahl alle Möglichkeiten.

2 Möglichkeiten!

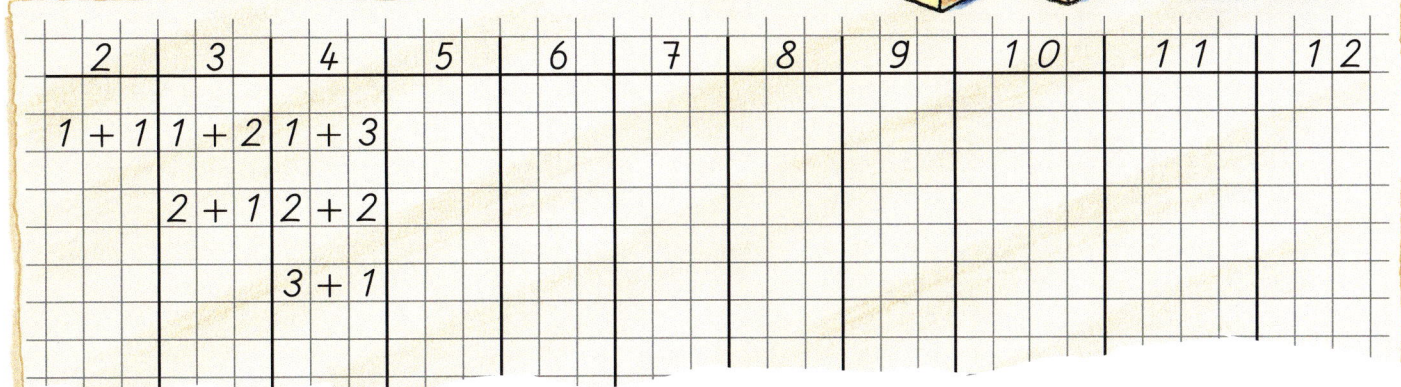

2	3	4	5	6	7	8	9	10	11	12
1 + 1	1 + 2	1 + 3								
	2 + 1	2 + 2								
		3 + 1								

 Hast du alle Würfelergebnisse? Vergleicht in der Klasse. Beschreibe die Tabelle. Was fällt dir auf?

(5) Welches Ergebnis würdest du bei der nächsten Runde wählen? Welches nicht? Begründe.

sicher

möglich   wahrscheinlich   unwahrscheinlich   unmöglich

 (6) Was sagst du dazu? Kann das sein?

a) Das Ergebnis **1** zu würfeln ist bei dem Spiel unmöglich.

b) Mit **9** zu gewinnen ist wahrscheinlicher als mit **3** .

c) Das Würfelergebnis liegt sicher zwischen **2** und **12** .

d) **7** zu würfeln ist unwahrscheinlicher als **12** zu würfeln.

Denke dir selbst solche Aussagen aus. Sprecht darüber in der Klasse.

(7) Würfle mit 3 Würfeln. Welche Ergebnisse sind hier möglich?

Schreibe sie auf: 3, 4, …

Probiere eine Tabelle wie in **(4)**. Was stellst du fest?

 (8) Spielt das Spiel von Aufgabe **(2)** jetzt mit 3 Würfeln. Welche Zahl wählst du? Welche nicht?

(1) Wie viel kostet der Eintritt für jede Familie?

Familie Müller

Familie Schein

Familie Krug

(2) a) Wann öffnet das Schwimmbad am Montag?

b) Wann schließt das Schwimmbad am Montag?

c) Wann öffnet das Schwimmbad am Mittwoch?

d) Wie viele Stunden ist das Schwimmbad am Sonntag geöffnet?

e) Denke dir weitere Fragen aus.

(3) Finde Fragen und antworte.

Sandra bleibt
noch 2 Stunden.

Paul ist vor
3 Stunden gekommen.

Peter wird um
16 Uhr abgeholt.

4 Rechne.

a) Ich möchte 2 Brezeln und 1 Saft.

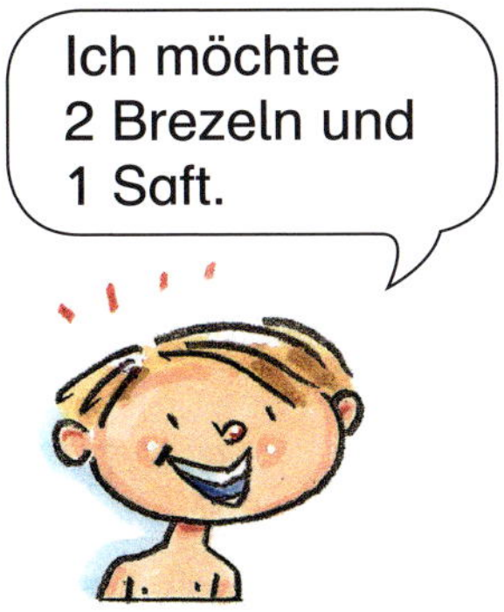

b) Ich kaufe 3 Gummischlangen und 1 Eis.

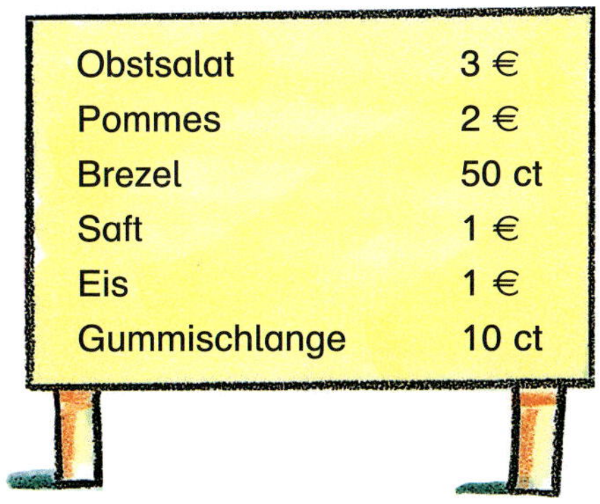

Obstsalat	3 €
Pommes	2 €
Brezel	50 ct
Saft	1 €
Eis	1 €
Gummischlange	10 ct

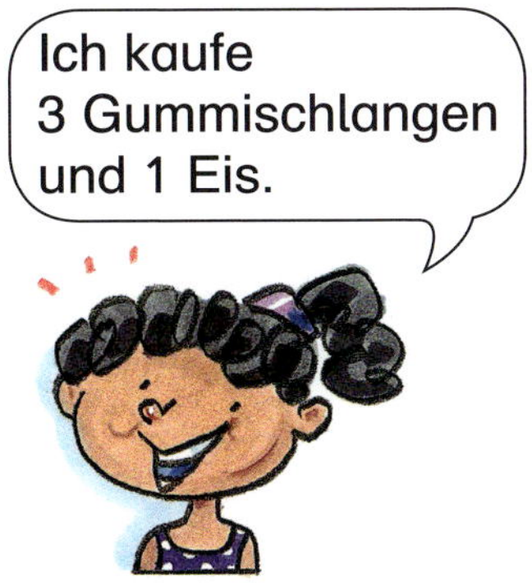

c) Einen Obstsalat, einmal Pommes und 2 Saft, bitte.

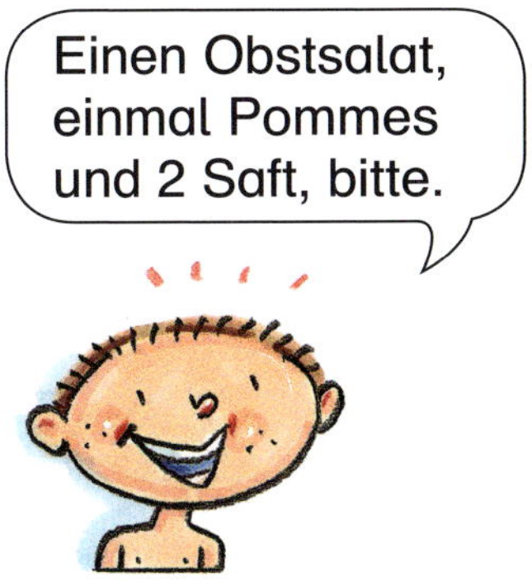

d) Zweimal Pommes und 1 Eis hätte ich gerne.

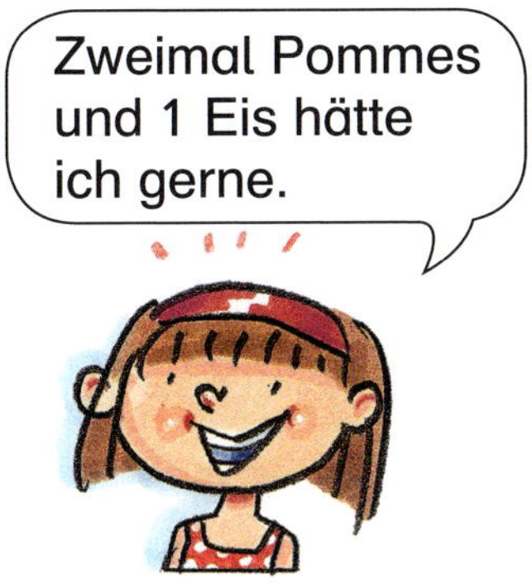

e) Ich darf für 5 € einkaufen.

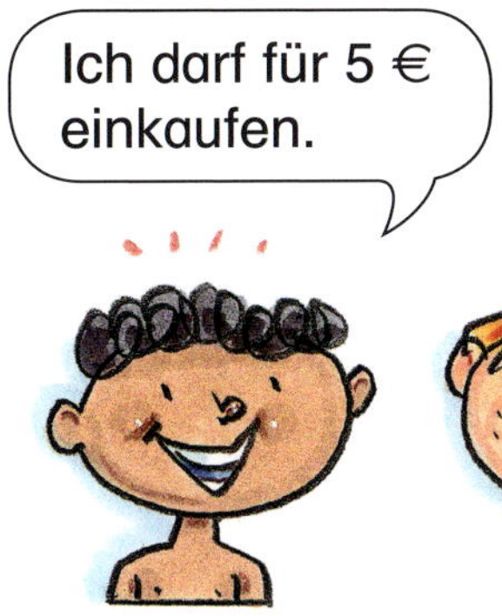

f) Ich …

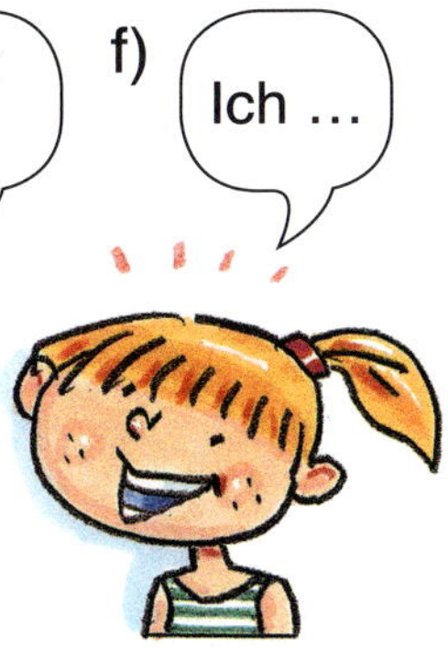

5 Wetter im Sommer ☀ 🌧 ⛅

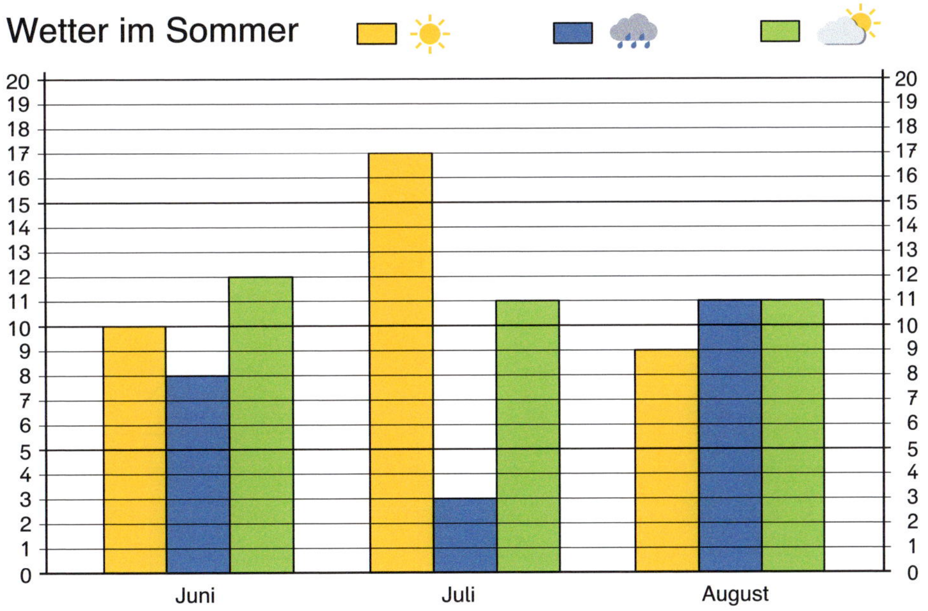

Was bedeuten die gelben, blauen und grünen Säulen?

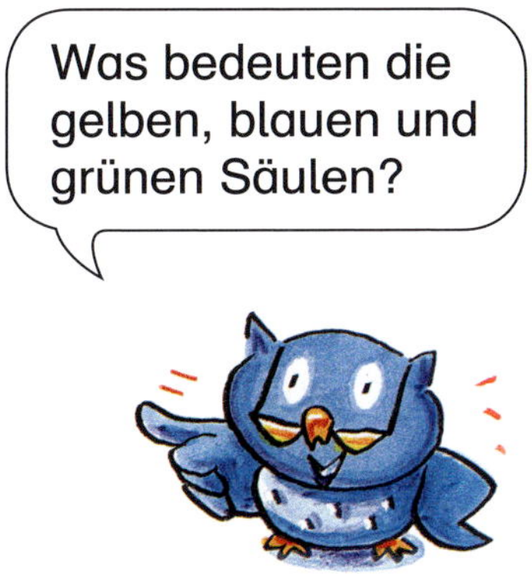

a) Was kannst du an dem Schaubild ablesen?

b) Im welchem Monat waren die meisten …

   ☐ Sonnentage?   ☐ Regentage?   ☐ Wolkentage?

c) In welchem Monat waren die wenigsten …

   ☐ Sonnentage?   ☐ Regentage?   ☐ Wolkentage?

d) Wie viele Sonnentage gab es in jedem Monat?

e) Wie viele Sonnentage gab es im Juli mehr als im August?

f) Wie viele Regentage gab es im Juli weniger als im Juni?

g) Wie viele Regentage gab es in den 3 Monaten zusammen?

Flächen und Figuren

① Wie heißen diese Flächenformen?

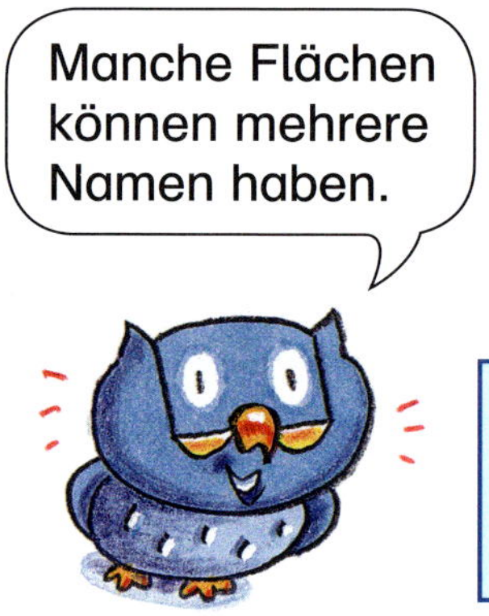
Manche Flächen
können mehrere
Namen haben.

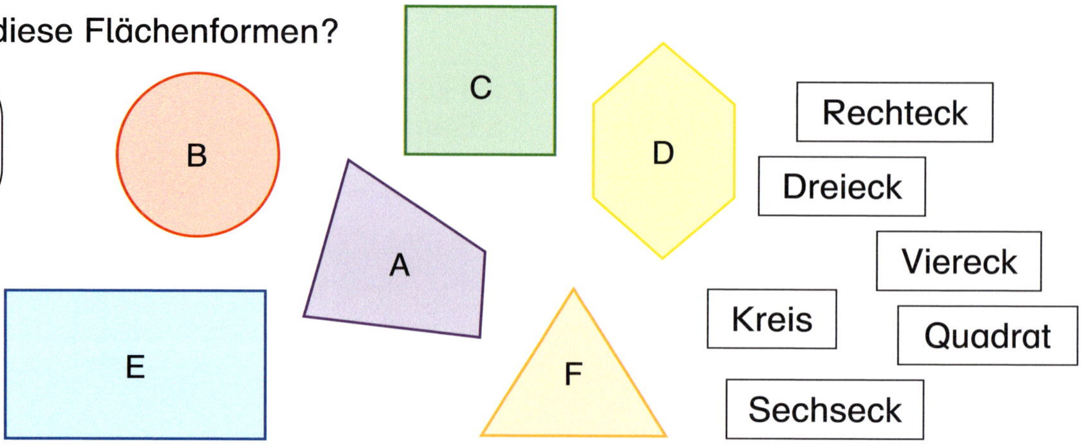
A
B
C
D
E
F
Rechteck
Dreieck
Viereck
Kreis
Quadrat
Sechseck

② Wie viele △, ○, □ und ▭ entdeckst du bei jeder Figur?

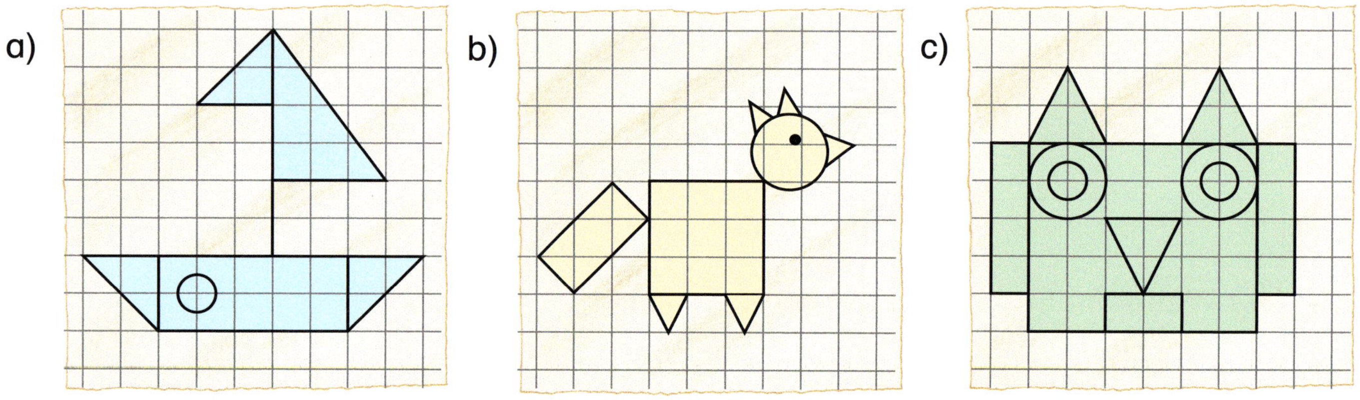
a)
b)
c)

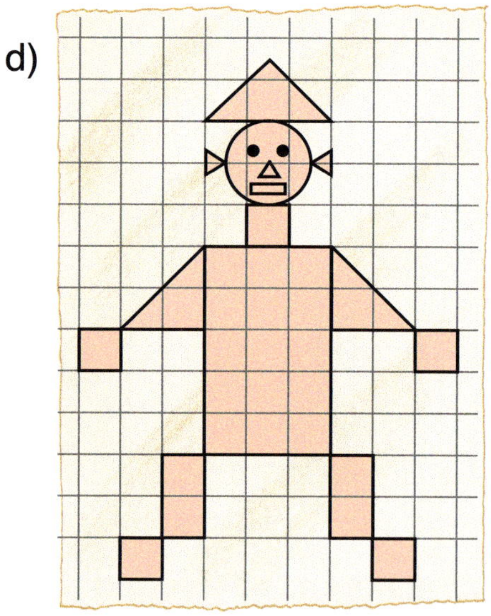
d)

Schreibe so ins Heft:

	△	○	□	▭
a	|||||	|	...	...
b	...	...	...	...
c	...	...	...	...
d	...	...	...	...

Zeichne selbst solche Figuren.

Tipp: Gestalte ein eigenes Geoheft.

Name:
Mein Geo-metrie-heft
Flächen-formen
Dreieck
Figuren

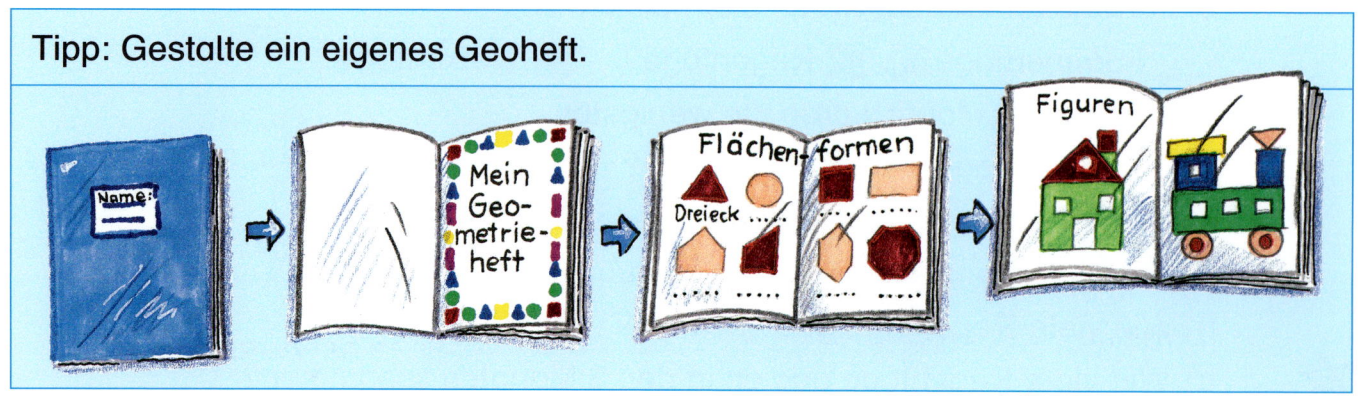

3 So werden aus einem Quadrat 8 gleich große Dreiecke. Schneide sie aus.

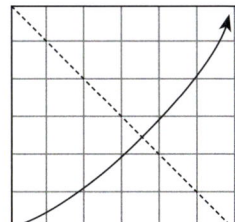 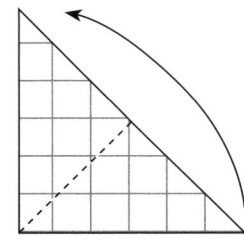 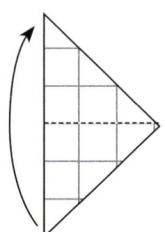 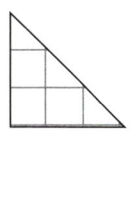 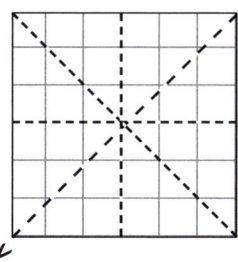

Male immer vier Dreiecke mit jeweils einer Farbe an.

a) Lege mit Dreiecken Muster.

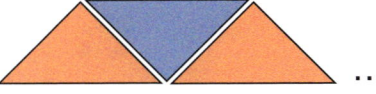   ...   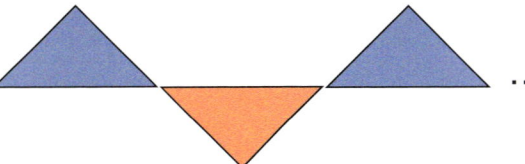   ...

b) Lege diese Figuren mit deinen Dreiecken nach.

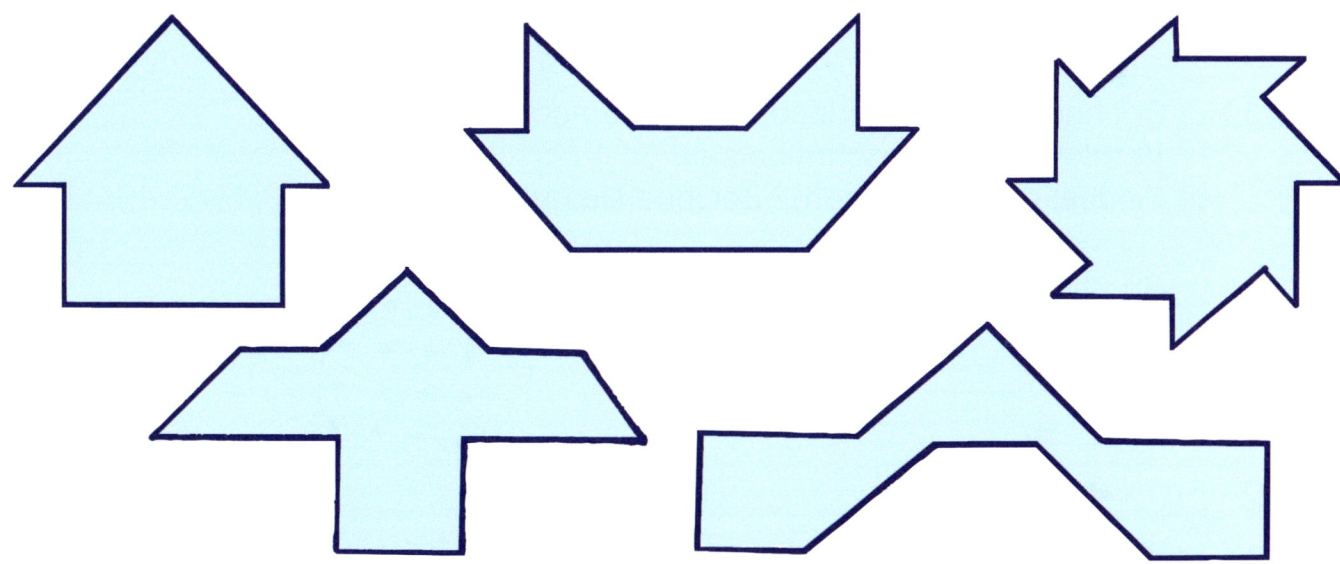

c) Finde eine eigene Figur und klebe sie in dein Geoheft.

4 Geometrie im Kopf

a) *Stelle dir ein Quadrat vor.*
Falte es nun so, dass 2 gegenüberliegende Seiten
genau aufeinander liegen.
Welche Flächenform erhältst du?

b) *Stelle dir wieder ein Quadrat vor.*
Falte nun die rechte untere Ecke
zur linken oberen Ecke.
Welche Flächenform erhältst du?

c) *Denke dir ein Dreieck.*
Denke dir noch ein Quadrat dazu,
das genau unterhalb deines Dreiecks
liegt. Welche Figur ist entstanden?

d) *Denke dir selbst Aufgaben aus.*

① Spanne diese Figuren nach.

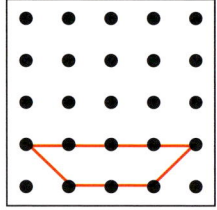 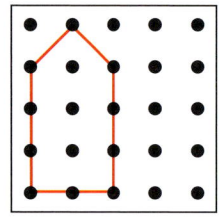 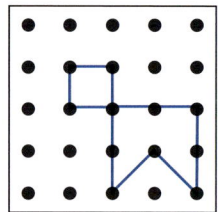 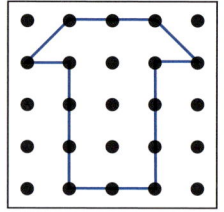 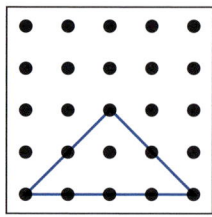

Spanne eigene Figuren. Dein Nachbar spannt sie nach.

② a) Spanne Quadrate. Wie viele verschiedene findest du?

Zeichne so auf:

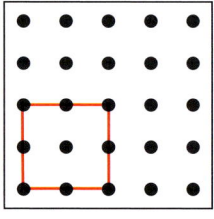 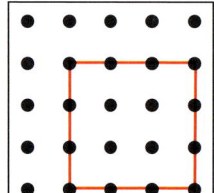  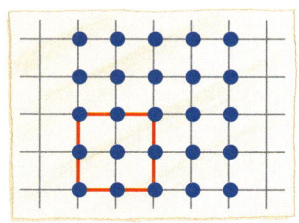

b) Spanne Rechtecke. Wie viele findest du?

③ a) Spanne die verschiedenen Dreiecke nach.
Vergleiche und beschreibe sie.
b) Findest du noch weitere? Zeichne sie auf.

Das rote und das blaue Dreieck sind gleich.

 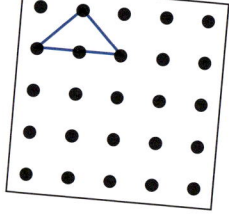 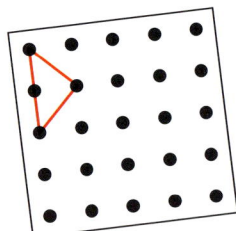 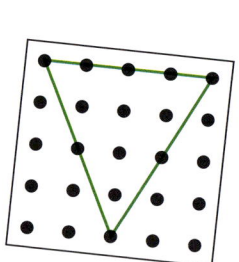

④ a) Wir verändern ein Rechteck: Spanne einen weiteren Gummi ein.
Was kann entstehen? Zeichne auf.

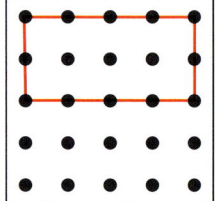 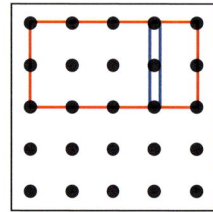 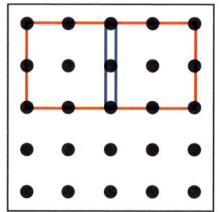

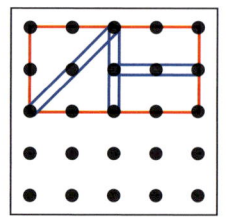

b) Was kann entstehen, wenn du mehrere Gummis einspannst?

c) Verändere jetzt ein Quadrat.

20

5 Figuren durch einen Handgriff verändern. Was entsteht?

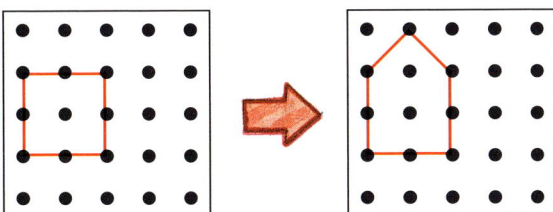 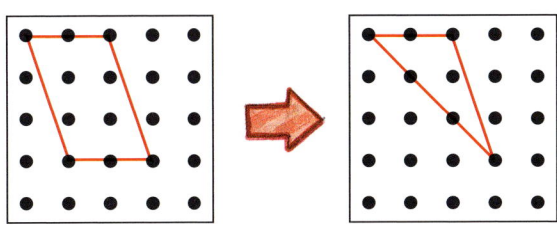

Spanne weitere Figuren und verändere sie.

6 Miss die Größe der Figur in kleinen Quadraten ☐.

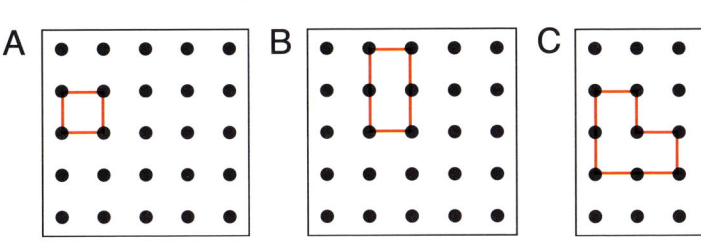

Fläche A: 1 ☐   Fläche B: … ☐   Fläche C: … ☐   Fläche D: … ☐

Ich sehe 4 ☐ und 2 △.

Für mich sind es 5 ☐.

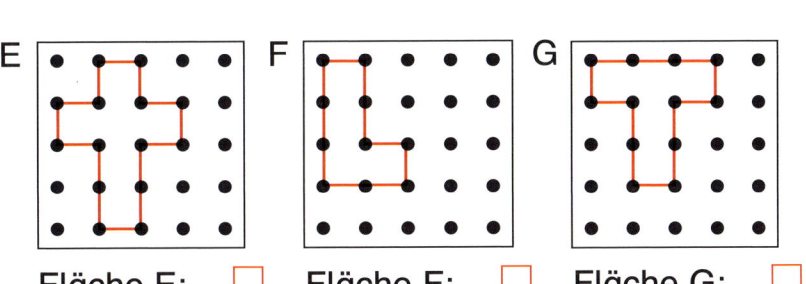

Fläche E: … ☐   Fläche F: … ☐   Fläche G: … ☐

Welche Fläche ist die größte?
Untersuche die Figuren von Aufgabe ②.

7 Spanne Figuren mit 4 ☐. Wie viele verschiedene findest du?
Suche verschiedene Figuren mit 2 ☐, 3 ☐ und 5 ☐.
Probiere am Geobrett und zeichne ins Heft.

 8 „Kopfgeometrie"
  a) Überlege: Was entsteht, wenn du einen
     Gummi um die Nägel 1, 11, 13, und 3
     spannst? Überprüfe.

  Überlege ebenso bei:
  b) 6, 16, 18
  c) 22, 7, 3, 9, 24
  d) 2, 6, 18, 14
  e) Denke dir weitere Aufgaben aus.

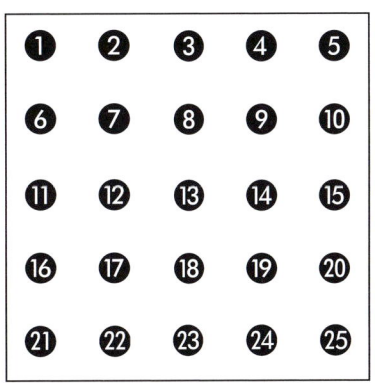

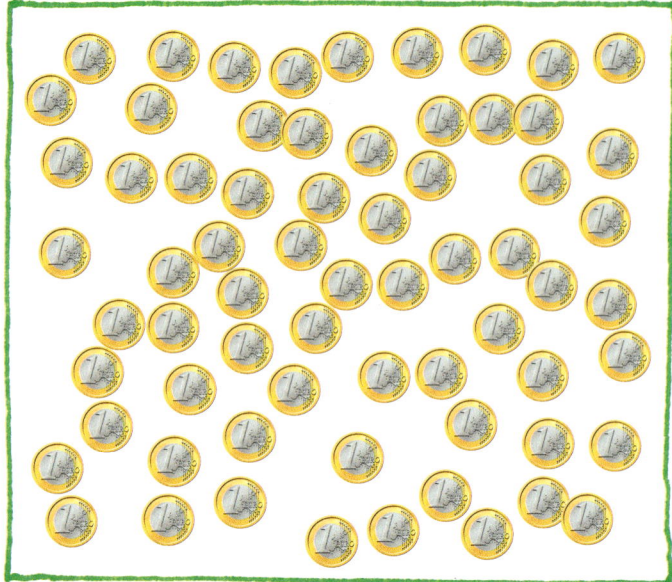

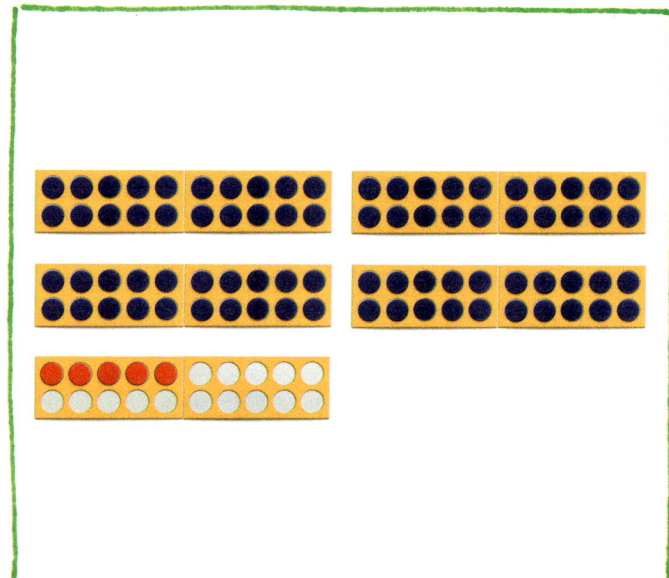

1 Wie viele sind es? 10, 20 oder mehr? Schätze.
Erzähle zu den Bildern.

2 Hier wurden die Münzen, Perlen und Steckwürfel unterschiedlich geordnet. Erkläre.

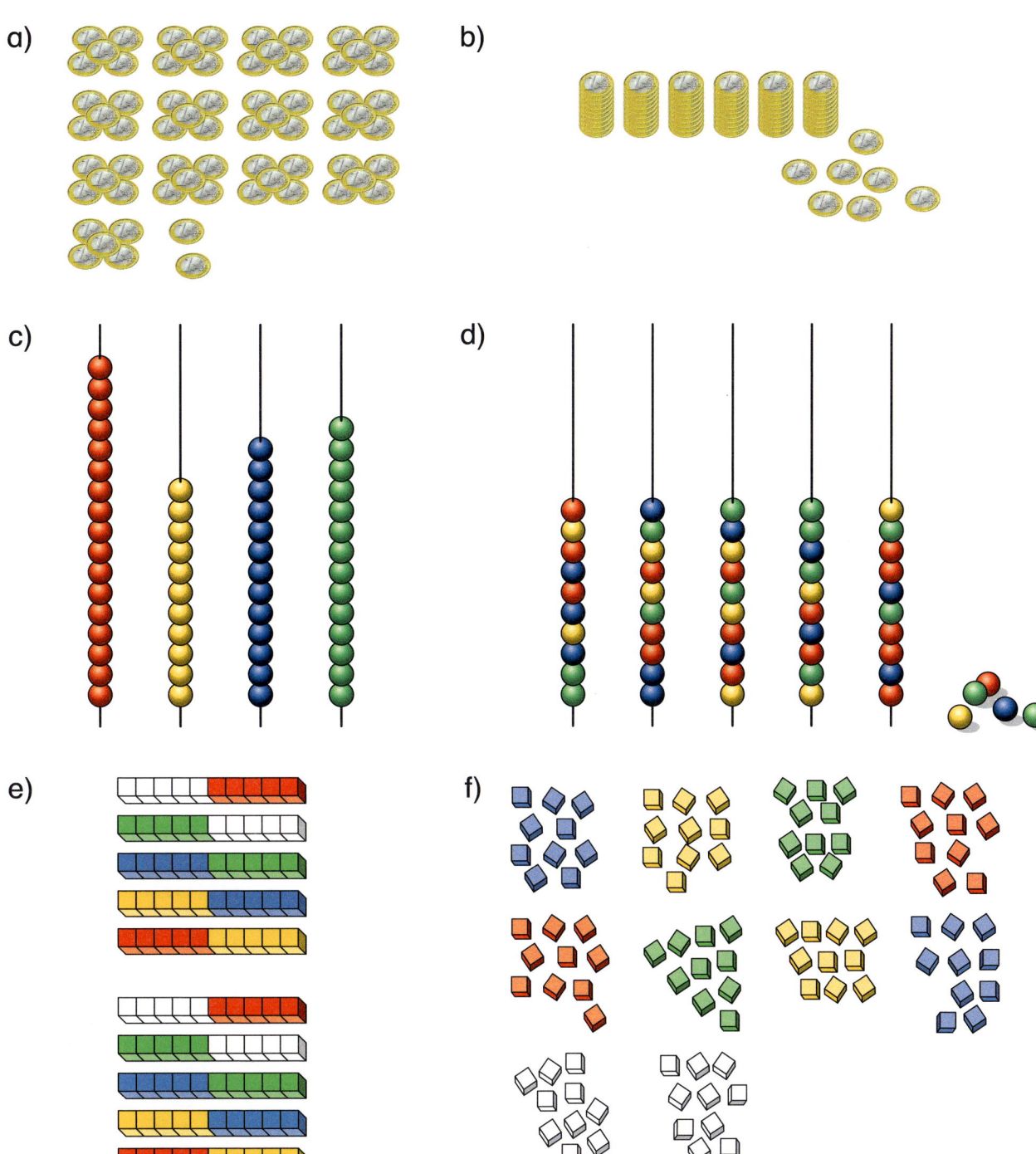

a)

b)

c)

d)

e)

f)

3 Wie viele Münzen, Perlen, Steckwürfel sind es? Schätze zuerst, zähle dann.

Schreibe auf:

Münzen:	geschätzt:	
	gezählt:	
Perlen: ...		

Wo konntest du besonders schnell zählen? Warum?
Wie würdest du ordnen?

Zehner und Einer

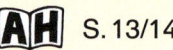

1 Zeichne ins Heft und trage in die Stellenwerttafel ein.
Lege mit den Karten.

a) 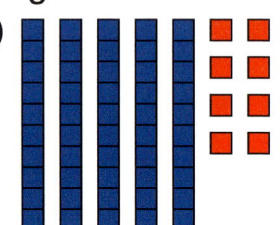   Schreibe so: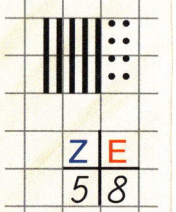

b)   c)   d)   e)   f)

 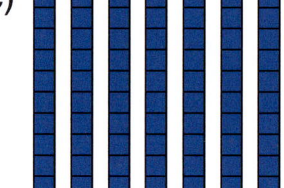 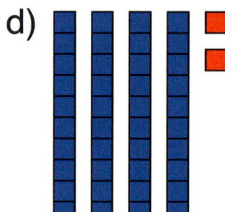 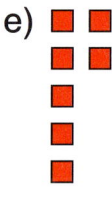 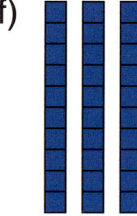

2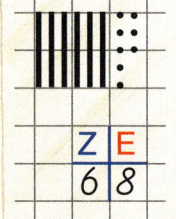

a) | b) | c) | d)

e) | f) | g) | h)

3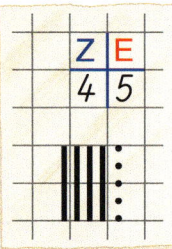

a)	Z	E
	4	5

b)	Z	E
	9	2

c)	Z	E
	1	8

d)	Z	E
	7	0

e)	Z	E
	6	3

f)	Z	E
	0	4

g)	Z	E
	8	6

h)	Z	E
	3	7

4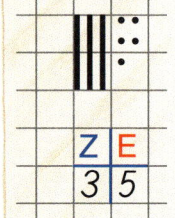

a) 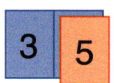   b) 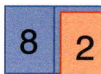   c)

d)    e)    f)

Schreibe eigene Aufgaben.

5 Lege und schreibe diese Zahlen.

a)
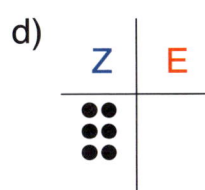

b)

Z	E
••	••
••	

c)

Z	E
•	••
	••

Für jeden Zehner lege ich ein Plättchen in die Zehnerspalte, für jeden Einer lege ich ein Plättchen …

d)
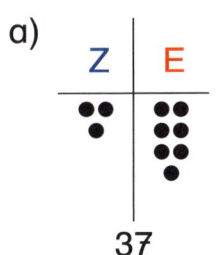

e)
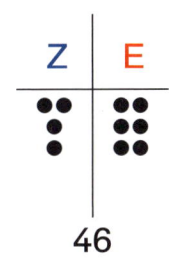

f)

Z	E
?	?

6 Lege in jede Stellenwerttafel von ⑤ jeweils ein Plättchen dazu.
Welche Zahlen können entstehen?
Lege und schreibe auf.

a)   oder:

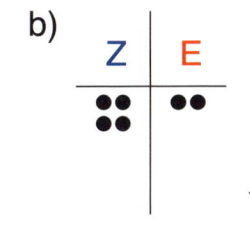

37   46

b)   oder:

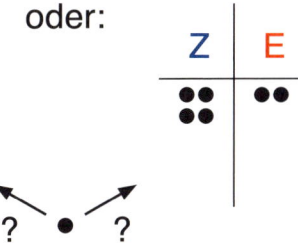

? • ?

7 Nimm aus jeder Stellenwerttafel von ⑤ jeweils ein Plättchen weg.
Welche Zahlen können entstehen?
Lege und schreibe auf.

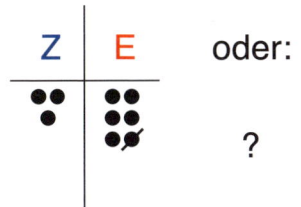

oder: ?

8 Verschiebe in jeder Stellenwerttafel von ⑤ ein Plättchen.
Welche Zahlen können entstehen?
Lege und schreibe auf.

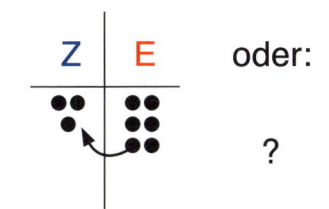

oder: ?

9 Nimm 4 Plättchen.
Lege sie in die Stellenwerttafel.

a) Wie viele verschiedene Zahlen findest du? Schreibe sie auf.

 b) Wie heißt die größte, wie die kleinste Zahl?

 c) Versuche es jetzt mit 7, 5, 8, … Plättchen.

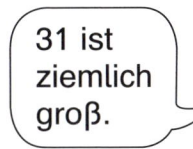

31 ist ziemlich groß.

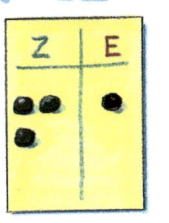 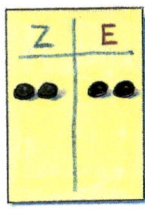

22 geht auch.

25

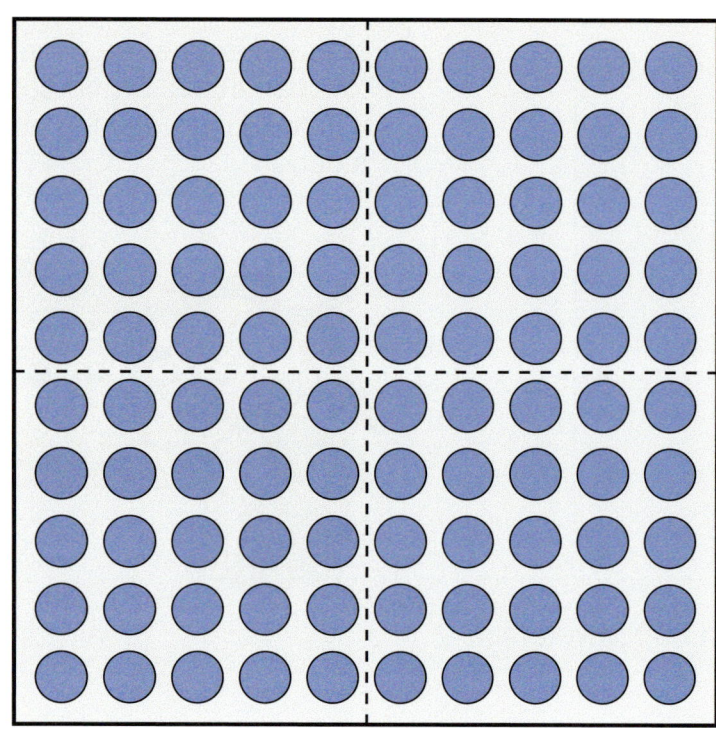

zehn	1	0
zwanzig	2	0
dreißig	3	0
vierzig	4	0
fünfzig	5	0
sechzig	6	0
siebzig	7	0
achtzig	8	0
neunzig	9	0
hundert	1	0	0

Mein Zwanziger-
feld sieht fast
genauso aus!

Zwanzig

① Zeige am Hunderterfeld: 40, 50, 80, 100, 30, 70, 90, 10, 60.

② Zeige am Hunderterfeld und rechne.

a) $10 + 10 = \square$
$20 + 10 = \square$
$30 + 10 = \square$
…

b) $20 + 20 = \square$
$40 + 20 = \square$
$60 + 20 = \square$
…

c) $10 + \square = 20$
$20 + \square = 40$
$30 + \square = 60$
…

d) $\square + 50 = 100$
$\square + 40 = 100$
$\square + 30 = 100$
…

③ a) $100 - 10 = \square$
$100 - 20 = \square$
$100 - 30 = \square$
…

b) $100 - 20 = \square$
$100 - 40 = \square$
$100 - 60 = \square$
…

c) $100 - \square = 80$
$90 - \square = 70$
$80 - \square = 60$
…

d) $\square - 50 = 50$
$\square - 40 = 50$
$\square - 30 = 50$
…

④ a) $100 = 60 + \square$
$100 = 50 + \square$
$100 = 70 + \square$

b) $100 = 40 + \square$
$100 = 20 + \square$
$100 = 90 + \square$

⑤ Immer 100

$100 = 10 + 10 + \square$
$100 = 20 + 20 + \square$
$100 = 25 + 25 + \square$
$100 = 30 + 30 + \square$

Schreibe weitere Aufgaben.

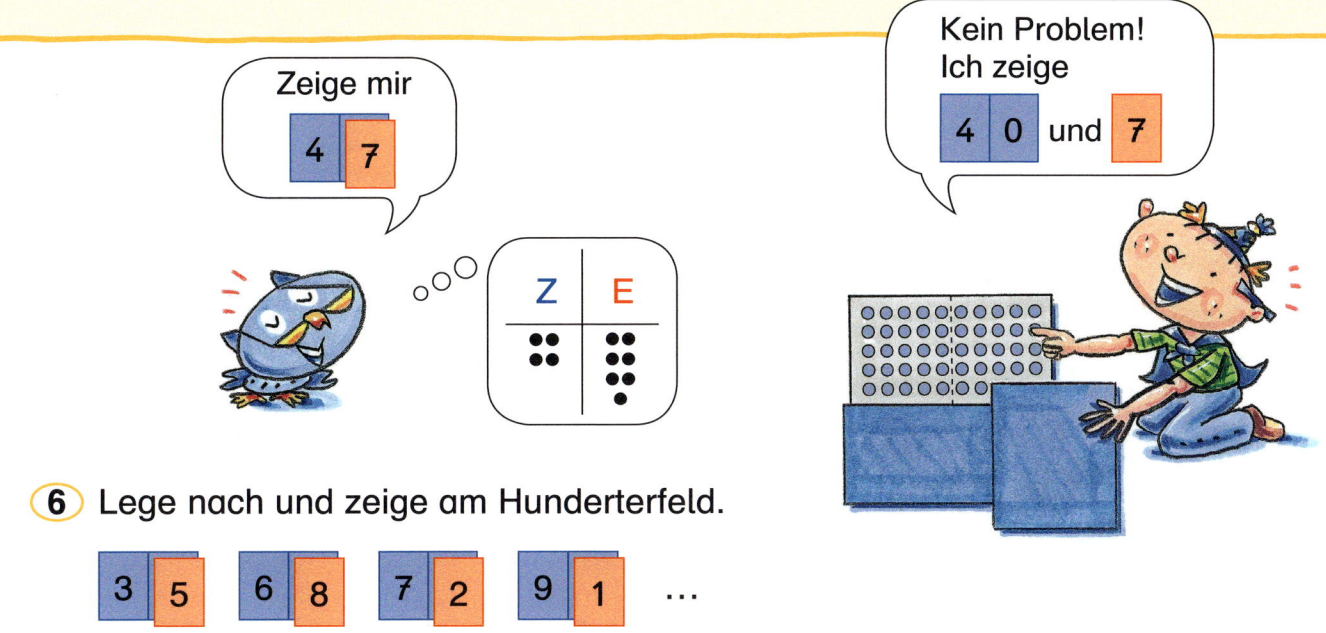

6 Lege nach und zeige am Hunderterfeld.

3 5   6 8   7 2   9 1   …

7 a) Wie heißen diese Zahlen? Lege sie mit Zahlenkarten. Schreibe sie auf.

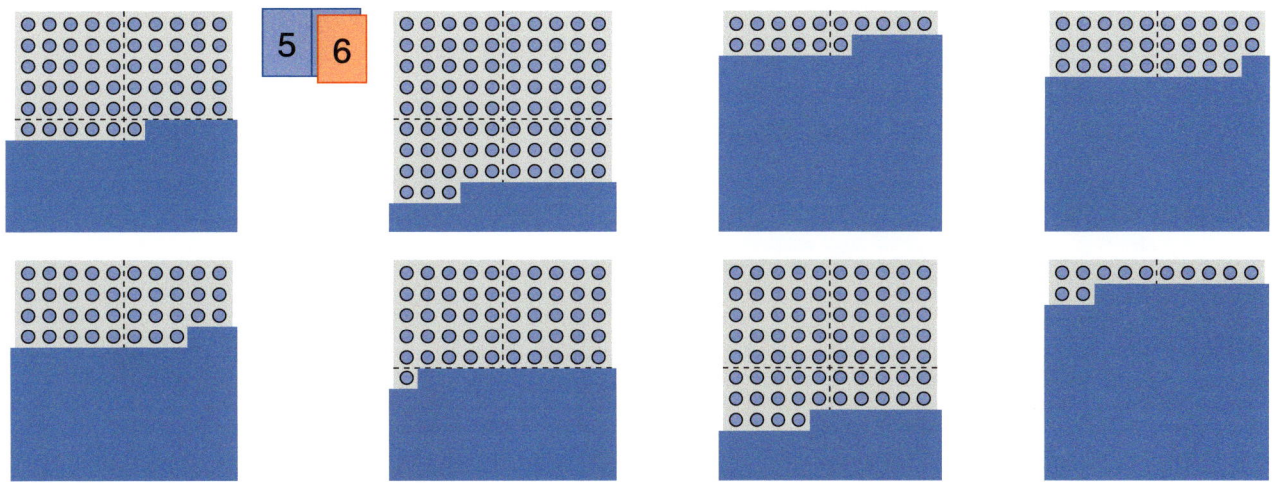

5 6

b) Welche Zahlen sind jeweils verdeckt?

8 a) Bilde Zahlen mit diesen Zahlenkarten. Schreibe sie auf.

9 0   2 0   5 0   7 0   4   9   6   8 | 2 4, | 2 6, | … |

b) Zeige sie am Hunderterfeld. Was fällt dir auf?

9 Spielt "Zig-Zahlen" hören:

Dreiundzwanzig

Zwanzig

Ein Kind sagt eine Zahl, die anderen halten die "Zig-Zahl" hoch, die zur genannten Zahl gehört.

1 Zahlen mit Zehner- und Einerkarten darstellen

zweiunddreißig   3 2

neunundsechzig   6 9

achtundvierzig   8

siebenundsiebzig

vierundzwanzig

sechsundneunzig

dreiundfünfzig

2 Zahlen in den Sand schreiben

einundreißig

3 Zahlen blinken

3-mal lang, 8-mal kurz.

38

4 Zahlen erkennen

?

5 Zahlen fühlen

6 Zahlen hüpfen

7 Zahlen bilden

8 Zahlen tippen

9 Zahlen flüstern

10 Zahlen fühlen

11 Zahlen fühlen

12 Zahlen hören

Findet ihr noch andere Möglichkeiten,
Zahlen darzustellen?
Schreibe deine Zahlen an jeder Station auf.

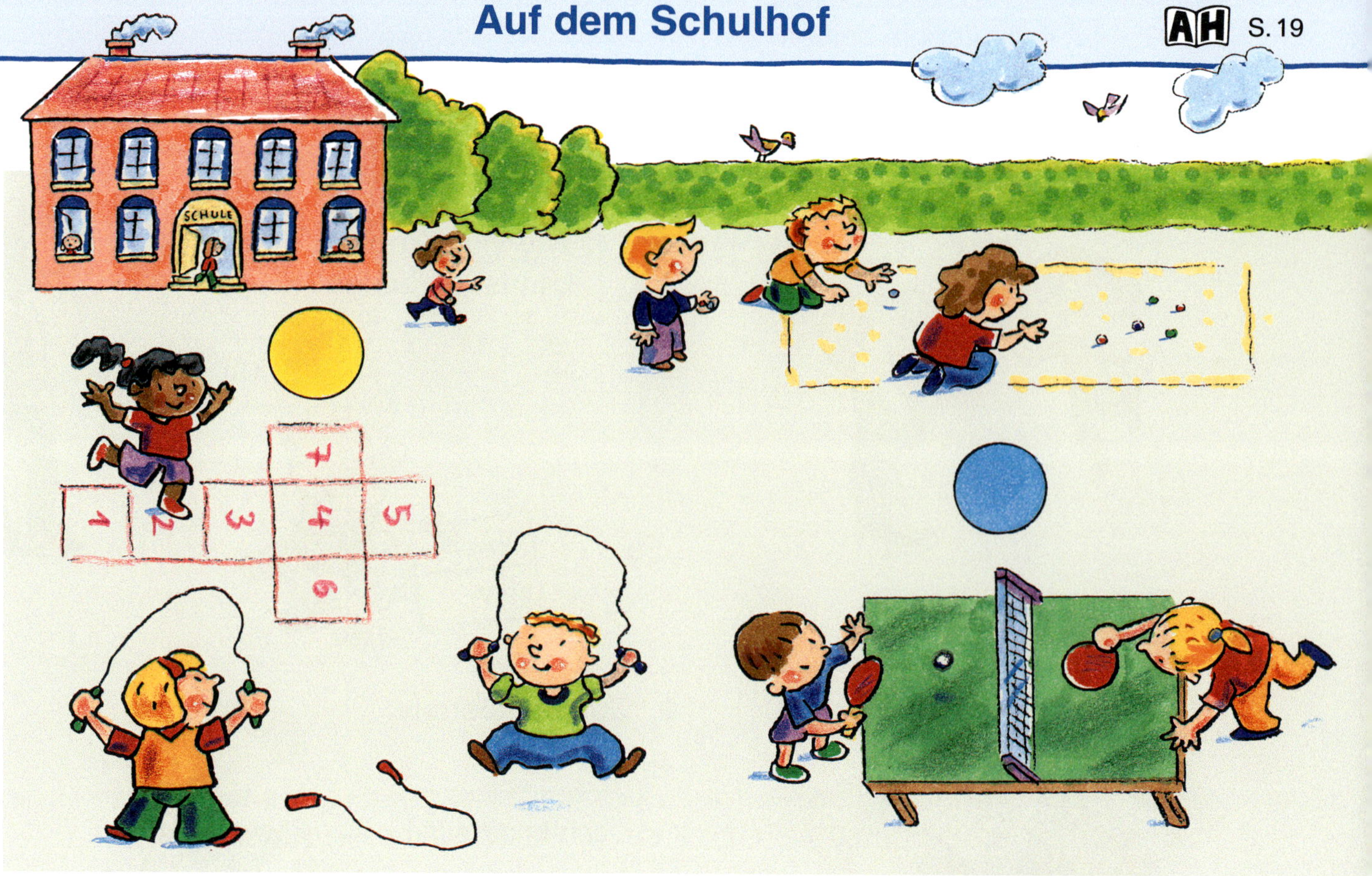

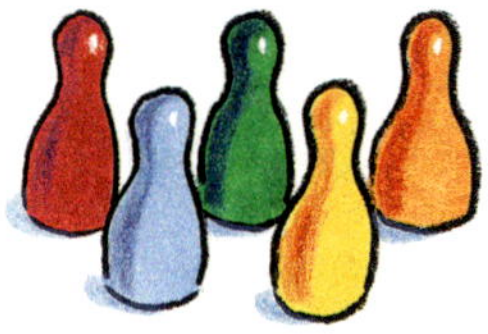

1 Auf diesem Schulhof ist viel los. Erzähle.

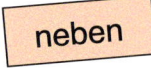 neben

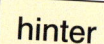 über

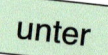 hinter

 unter

 auf

zwischen

vor

2 Verschiedene Standorte

Du schaust in Richtung Schulgebäude.
Was siehst du rechts von dir?
Was befindet sich links von dir?

Schaue in Richtung Hecke.
Was befindet sich vor dir,
was hinter dir?

Du blickst in Richtung Karussell.
Was ist rechts von dir,
was ist links von dir?

Du blickst in Richtung Hecke.
Was befindet sich vor dir,
was hinter dir?

Du schaust in Richtung Murmelbahn.
Was befindet sich rechts von dir,
was befindet sich links von dir?

? Erfinde selbst solche Rätsel.

3 Von welchem Standort aus wurden die Bilder gemacht?

Mein Traum-Pausenhof hat eine Würstchenbude, …

🌱🌱 ④ Gestaltet in der Gruppe ein Plakat mit eurem Traum-Pausenhof.
   a) Zeichnet, schneidet und klebt auf.
   b) Legt nun verschiedene Standorte fest.
      Stellt euch Fragen wie bei Aufgabe ②.

⑤ Bild-Diktat

a) Nimm ein Blatt und zeichne ein [Gitter]. Zeichne in die Mitte eine [Bank].

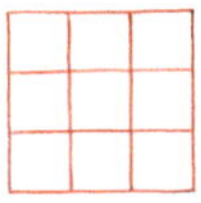

b) Über die [Bank] zeichnest du einen [Baum].

c) Rechts neben den [Baum] kommt eine [Rutsche].

d) Links neben den [Baum] malst du ein [Hüpfspiel].

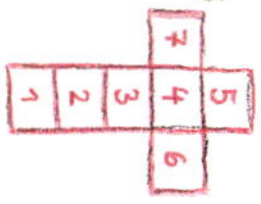

e) Unter das [Hüpfspiel] kommt eine [Wippe].

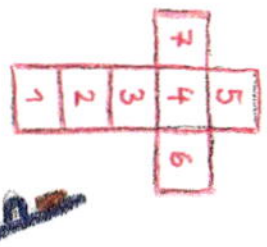

f) Unter die [Bank] malst du eine [Murmelschachtel].

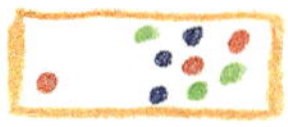

g) Drei Plätze sind noch frei.
   Male dorthin, was dir gefällt.

h) Erfindet selbst Bild-Diktate. 🌱🌱
   Tauscht sie untereinander aus.

1 Von welchem Platz aus wurden diese Aufnahmen gemacht?

a)

b)

c)

Schreibe auf: 1 a): Platz ☐, …

2 Welches ist die richtige Aufnahme?

Platz 6

a)

b)

c)

Platz 4

d)

e)

f)

 3 Du stehst auf Platz 2. Wie sieht die Aufnahme aus? Male in dein Heft.

4 Bim hat den Brunnen viermal fotografiert. Wo stand er jeweils?

 5 Zeichne die Burg von vorn. Wie könnte sie von hinten, rechts und links aussehen?

1 Zwischen welchen Zehnern liegen diese Zahlen? Zeige sie am Hunderterseil und am Zahlenstrahl.

a) 34, 73, 24, 59, 61, 18
b) 43, 37, 42, 95, 16, 81

> 34 liegt zwischen 30 und 40, aber näher bei <u>30</u>.

Schreibe so wie Jonathan:

| 3 | 0 | < | 3 | 4 | < | 4 | 0 | |

2 Zahlen und ihre Nachbarn

Schreibe die Zahlen mit ihren Nachbarn so in dein Heft:

| a) | | 3 | 3 | , | 3 | 4 | , | 3 | 5 | |
| | | | | , | 6 | 4 | , | | | |

	a)	b)	c)	d)
	34	72	88	10
	64	92	28	50
	14	22	68	90
	54	42	38	70

3 Vorwärts und rückwärts zählen. Schreibe auf.

a) 7, 8, …, …, …, …, …, 14
b) 17, 18, …, …, …, …, …, 24
c) 37, 38, …, …, …, …, …, 44

d) 18, 17, …, …, …, …, 12
e) 48, 47, …, …, …, …, 42
f) 78, 77, …, …, …, …, 72

4 Setze die Zahlenfolgen fort.

a)   2, 4, 6, …, …, …, …, 16
b) 21, 23, 25, …, …, …, …, 35
c) 25, 30, 35, …, …, …, …, 60
d) 85, 80, 75, …, …, …, …, 50
e) 31, 34, 37, …, …, …, …, 52

f) 50, 48, 46, …, …, …, …, 36
g) 99, 97, 95, …, …, …, …, 85
h) 60, 65, 70, …, …, …, …, 95
i) 70, 65, 60, …, …, …, …, 35
j) 46, 50, 54, …, …, …, …, 74

5 Landest du genau bei 100? Überlege. Setze die Zahlenfolgen fort.

a) 2, 4, 6, 8, 10, …
b) 5, 10, 15, 20, …

c) 3, 6, 9, 12, 15, …
d) 4, 8, 12, 16, 20, …

e) 65, 67, 66, 68, 67, …
f) 1, 2, 4, 7, 11, …

6 Vergleiche die Zahlen. Setze ein: $<$, $>$, $=$.

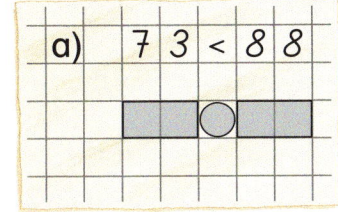

a)
73 ◯ 88
52 ◯ 16
75 ◯ 91
66 ◯ 58
64 ◯ 64

b)
45 ◯ 92
58 ◯ 58
70 ◯ 98
28 ◯ 17
11 ◯ 39

c)
34 ◯ 43
84 ◯ 48
91 ◯ 45
77 ◯ 26
38 ◯ 38

7 Ordne die Zahlen der Größe nach. Verwende $<$ oder $>$.

a) 62 77 52 64 19 54 37

b) 45 26 25 73 91 77 46

8 Zeige die Rechnungen am Zahlenstrahl.
Schreibe sie ins Heft.

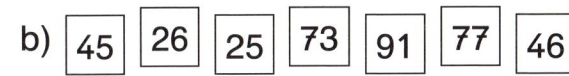

a) 36 + 4 = ▢
69 + 1 = ▢
24 + 6 = ▢
87 + 3 = ▢
75 + 5 = ▢

b) 68 − 8 = ▢
93 − 3 = ▢
72 − 2 = ▢
41 − 1 = ▢
34 − 4 = ▢

c) 39 + ▢ = 40
75 + ▢ = 80
88 + ▢ = 90
57 + ▢ = 60
69 + ▢ = 70

d) 30 − ▢ = 26
40 − ▢ = 32
80 − ▢ = 71
50 − ▢ = 46
90 − ▢ = 83

9 Die größte Zahl gewinnt.

Ziehe eine Karte.
Entscheide: Zehner oder Einer.

Nun zieht dein Partner eine Karte.
Auch er entscheidet: Zehner oder
Einer.

Jetzt zieht jeder die 2. Karte.
Wer hat die größere Zahl?

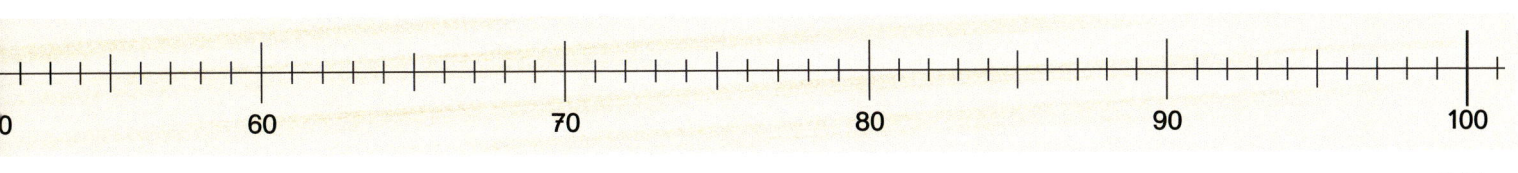

1	2	3	4	5	6	7	8	9	10
11	12	13	14	15	16	17	18	19	20
21	22	23	24	25	26	27	28	29	30
31	32	33	34	35	36	37	38	39	40
41	42	43	44	45	46	47	48	49	50
51	52	53	54	55	56	57	58	59	60
61	62	63	64	65	66	67	68	69	70
71	72	73	74	75	76	77	78	79	80
81	82	83	84	85	86	87	88	89	90
91	92	93	94	95	96	97	98	99	100

1 a) Hast du eine
   Lieblingszahl?
   Wo liegt sie?

   b) Kommt eine Zahl
   doppelt vor?

   c) Kennst du eine Zahl
   mit 2 Stellen, die hier
   nicht vorkommt?

   d) Suche die Zahlen,
   die zwei gleiche
   Ziffern haben.
   Schreibe sie auf.

2 Suche in der
Hundertertafel
alle Zahlen …

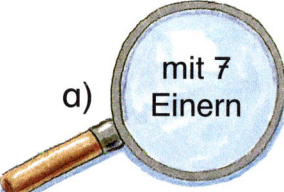

a) mit 7 Einern   b) mit 4 Einern   c) mit 1 Einer

Schreibe sie auf. Was fällt dir auf?

a)   7,   17, ...

Suche auch
alle Zahlen …

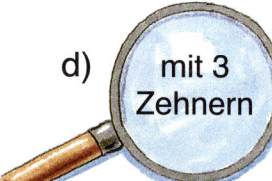

d) mit 3 Zehnern   e) mit 8 Zehnern   f) mit 9 Zehnern

Schreibe sie auf. Was fällt dir jetzt auf?

d)   30,   31, ...

3 Gerade – ungerade Zahlen
Färbe in deiner Hundertertafel gerade
Zahlen blau, ungerade rot.
Erkennst du die Regel?
Schreibe sie auf.

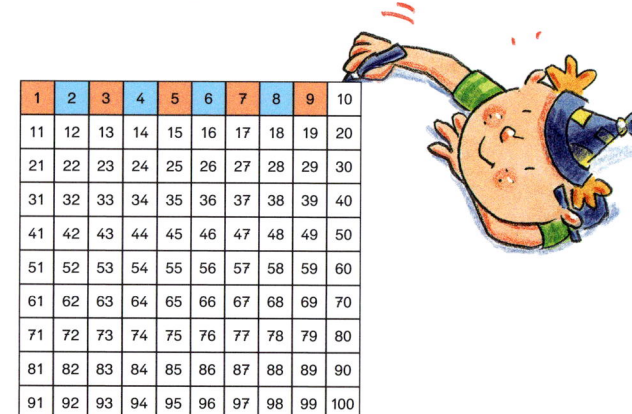

4 Ausschnitte aus der Hundertertafel: Übertrage die Ausschnitte in dein Heft und trage alle Zahlen ein.

a)
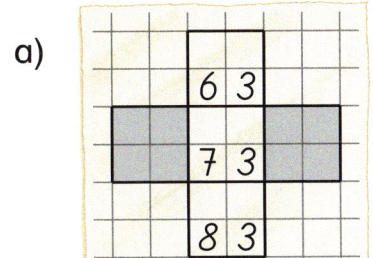

b)
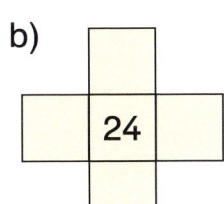

c)
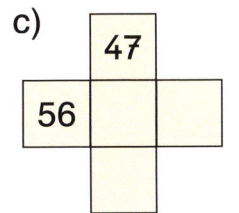

d)
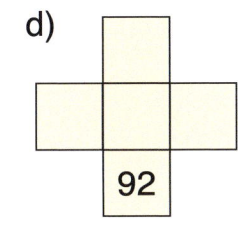

e)
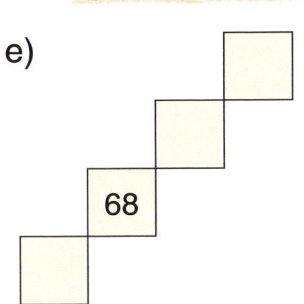

f)

g)
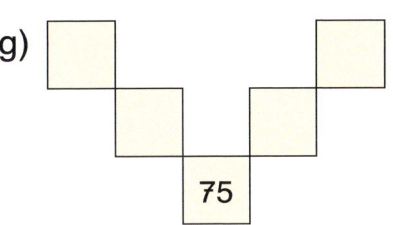

h)
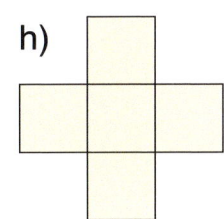

5 Übertrage die Buchstaben in dein Heft und trage alle Zahlen ein.

a)
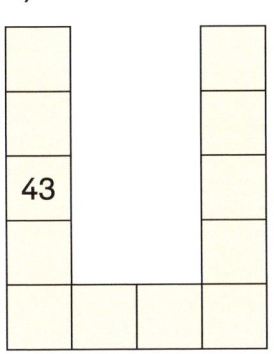

b)
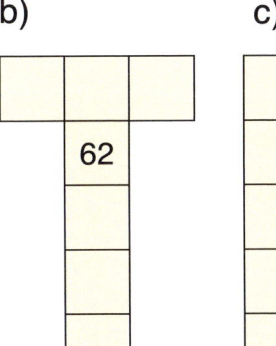

c)
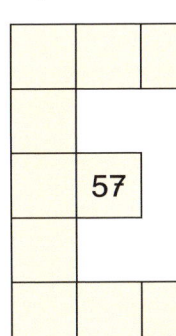

d) Welcher Buchstabe entsteht durch diese Zahlen?
44, 45, 46, 36, 26, 25, 24, 34, 54, 64.

e) Erfinde andere Buchstabenrätsel.

 6 Zahlenrätsel

Meine Zahl steht in der Hundertertafel in der 6. Zeile und hat 2 Einer. Wie heißt sie?

Meine Zahl hat 3 Zehner und doppelt so viele Einer. Wie heißt sie?

Meine Zahl hat eine 8 und eine 1. Wie könnte sie heißen?

Meine Zahl hat eine 3 und eine 7. Wie könnte sie heißen?

Meine Zahl steht in der 3. Zeile und der 7. Spalte. Wie heißt sie?

Meine Zahl hat doppelt so viele Zehner wie Einer und steht in der 1. Spalte? Wie heißt sie?

Meine Zahl steht in der Hundertertafel in der letzten Zeile und hat 2 gleiche Ziffern.

 Erfindet Zahlenrätsel. Schreibt sie auf Karten für die Kartei.

1	2	3	4	5	6	7	8	9	10
				15					20
				25					30
				35					40
				45					50
				55					60
				65					70
				75					80
				85					90
				95					100

Ein Schild zeigt an:
„Gehe einen Schritt
in diese Richtung!"

1 Gehe in die Richtung, in die das Schild jeweils zeigt.
Schreibe die Rechnung ins Heft.

a) $5 + 1 =$ ☐☐
$15 + 1 =$ ☐☐

→ a) 5 b) 37
15 47
25 57
35 67
… …

← c) 89 d) 93
79 83
69 73
59 63
… …

2 Arbeite wie in **1**.

a) $12 + 10 =$ ☐☐
$13 + 10 =$ ☐☐

↓ a) 12 b) 49
13 48
14 47
15 46
… …

↑ c) 81 d) 99
82 98
83 97
84 96
… …

3 Kennst du dich aus? Erkläre.

Rote Schilder
bedeuten
Einer-Schritte.

→ heißt ⊕+1

← heißt ⊙…

Blaue Schilder
bedeuten
Zehner-Schritte.

↑ heißt ⊙−10

↓ heißt ⊙…

4 Verschiebe eine Spielfigur nach den Vorschriften in der Hundertertafel.

Starte jeweils bei diesen Zahlen: 34 , 68 , 86 . Schreibe auf.

a) ⬇⬇ b) ➡➡➡ c) ⬆⬆ d) ⬅⬅ e)

a) 3 4 + 2 0 = ▢

6 8 + 2 0 = ▢

8 6 + 2 0 = ▢

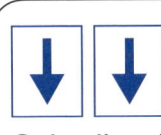

⬇⬇ heißt +10 +10.

Schreibe doch gleich +20.

5 Wie kommst du von der ersten zur zweiten Zahl?
Zeige in der Hundertertafel. Schreibe auf.

a) 4 4 + 2 = 4 6

2 4 + ▢ = 2 6

a) | 44 | 46 |
24 | 26
54 | 56

b) | 64 | 44 |
65 | 45
66 | 46

c) | 85 | 82 |
25 | 22
35 | 32

d) | ? | ? |
...

6 Rechne.

a) 46 + 3 = ▢
46 + 30 = ▢
29 + 1 = ▢
29 + 10 = ▢
74 + 20 = ▢
74 + 2 = ▢

b) 63 + 30 = ▢
63 + 3 = ▢
22 + 5 = ▢
22 + 50 = ▢
31 + 60 = ▢
31 + 6 = ▢

c) 78 − 4 = ▢
78 − 40 = ▢
57 − 30 = ▢
57 − 3 = ▢
84 − 2 = ▢
84 − 20 = ▢

d) 45 − 2 = ▢
45 − 20 = ▢
33 − 3 = ▢
33 − 30 = ▢
96 − 50 = ▢
96 − 5 = ▢

7 Wandern im Kopf

Meine Spielfigur steht auf der Zahl 33.
Ich schiebe sie 2 Felder nach oben, dann
3 Felder nach rechts. Wo steht sie jetzt?

Sie steht auf
der Zahl 16.
Jetzt stelle ich
dir die Aufgabe.

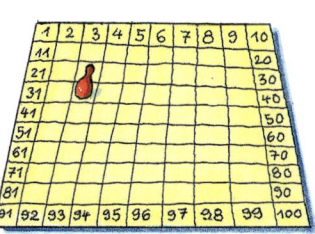

① Rechne.

a)
8 + 6 = ☐
12 + 8 = ☐
9 + 7 = ☐
15 + 4 = ☐

b) 11 + 9 = ☐
2 + 16 = ☐
9 + 5 = ☐
6 + 11 = ☐

c) 13 − 6 = ☐
11 − 9 = ☐
14 − 8 = ☐
15 − 7 = ☐

d) 10 − 3 = ☐
20 − 3 = ☐
10 − 6 = ☐
20 − 6 = ☐

② Zehner und Einer
Zeichne ins Heft und trage in die Stellenwerttafel ein.

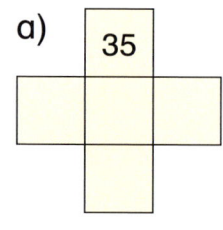 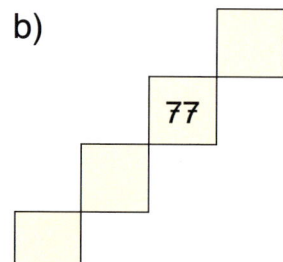 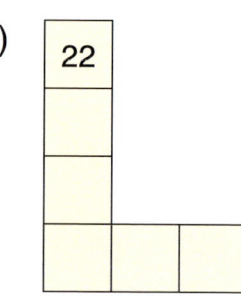 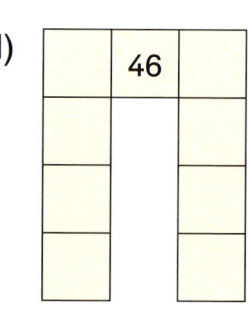

③ Wie heißen die Zahlen? Schreibe sie auf.

a) Meine Zahl hat 4 Zehner und 5 Einer.

b) Meine Zahl hat 3 Einer und doppelt so viele Zehner.

c) Meine Zahl hat eine 0 und eine 5.

④ Ausschnitte aus dem Hunderterfeld: Zeichne und ergänze.

a) 35

b) 77

c) 22

d) 46

⑤ Setze die Zahlenfolgen fort. Schreibe in dein Heft.

a) 13, 15, 17, …, …, …, 25
b) 44, 47, 50, …, …, …, 62

c) 96, 94, 92, …, …, …, 84
d) 60, 55, 50, …, …, …, 30

⑥ a) 30 + 60 = ☐
30 + 6 = ☐
30 + 66 = ☐
36 + 60 = ☐

b) 24 + 5 = ☐
24 + 50 = ☐
24 + 55 = ☐
25 + 4 = ☐

c) 90 − 2 = ☐
90 − 20 = ☐
90 − 22 = ☐
92 − 20 = ☐

d) 46 − 30 = ☐
46 − 3 = ☐
46 − 33 = ☐
46 − 6 = ☐

7 Wie heißen diese Flächenformen? Schreibe auf.

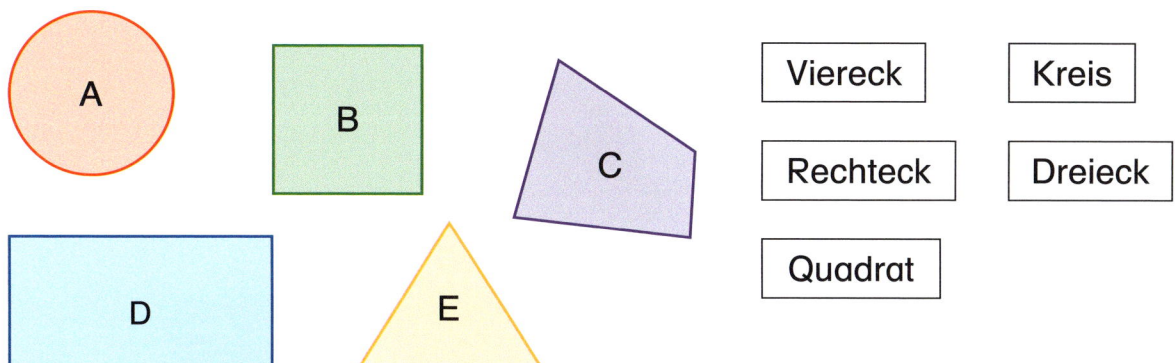

Viereck   Kreis

Rechteck   Dreieck

Quadrat

8 Welche Fläche ist die größte, welche ist die kleinste?
Schreibe auf: größte Fläche ☐, kleinste Fläche ☐.

a) 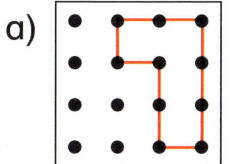   b) 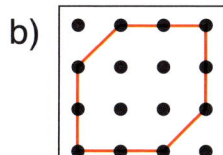   c) 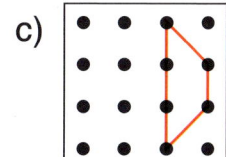   d)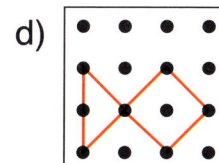

9

hinten

links

vorne

rechts

Bim hat das Schulhaus
viermal fotografiert.
Wo stand er jeweils?

a)    b)

c)    d)

Schreibe so:

vorne: ☐

hinten: ☐

Mit Körpermaßen messen

In frühen Zeiten benutzten die Menschen Arme und Beine, um zu messen.

Eine **Armspanne** reicht von der Spitze des linken Mittelfingers bis zur Spitze des rechten Mittelfingers.

Eine **Elle** ist der Abstand zwischen dem Ellbogen und der Spitze des Mittelfingers.

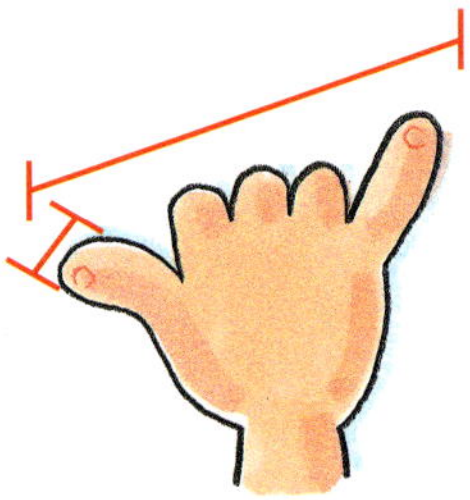

Eine **Handbreite** ist die Länge vom Daumen bis zum kleinen Finger.

Eine **Handspanne** ist die Länge von der Daumenspitze bis zur Spitze des kleinen Fingers.

Ein **Fuß** reicht von der Ferse bis zur Zehenspitze.

Im alten Ägypten war die **Daumenbreite** eine wichtige Maßeinheit.

Ein **Schritt** reicht von den Zehenspitzen des einen Fußes bis zu den Zehenspitzen des anderen Fußes.

 ① Nenne ein Körpermaß. Dein Partner soll es zeigen.

 ② Vergleicht in der Klasse: Wer hat die längste Armspanne, wer den kürzesten Fuß, …?

 ③ Miss mit deinen Körpermaßen. Vergleicht eure Messergebnisse.

	Armspannen	Handbreiten	Daumenbreiten	?
Buch:		3	2	
Tisch:				
…				

Für das Buch fange ich am besten mit der Handspanne an.

Und für die Tür?

4 Miss einige dieser Gegenstände.
Wähle dazu geeignete Körpermaße aus. Schreibe auf.

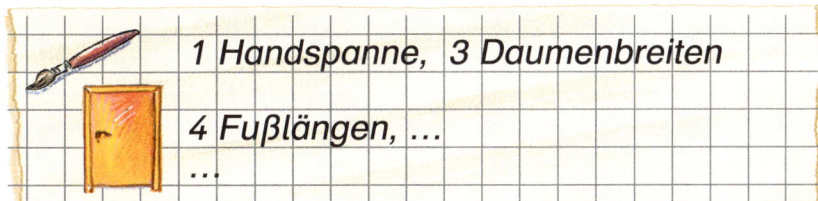

1 Handspanne, 3 Daumenbreiten

4 Fußlängen, …
…

5 Suche Gegenstände, die ungefähr so lang sind wie …

– eine Daumenbreite   – ein Fuß   – ein Schritt
– eine Handspanne   – eine Elle   – eine Armspanne.

Schreibe auf oder male:

| 1 Daumenbreite: | Briefmarke, Gummibärchen, … |
| 1 Handbreite: | Zahnbürste, … |

6 Wie lang ist das Klassenzimmer?
Franz misst 12 Schritte. Lisa misst 14 Schritte.
Kann das sein?
Wie ist das bei euch?

(1) Wie heißen diese Messgeräte?
Was haben sie gemeinsam?
Warum gibt es unterschiedliche Messgeräte?

(2) Der Nullpunkt ist der Anlegepunkt!

> **1 Meter = 100 Zentimeter**
> **1 m = 100 cm**
>
> "Zenti-" kommt von "centum"!
> Das ist lateinisch und heißt hundert.

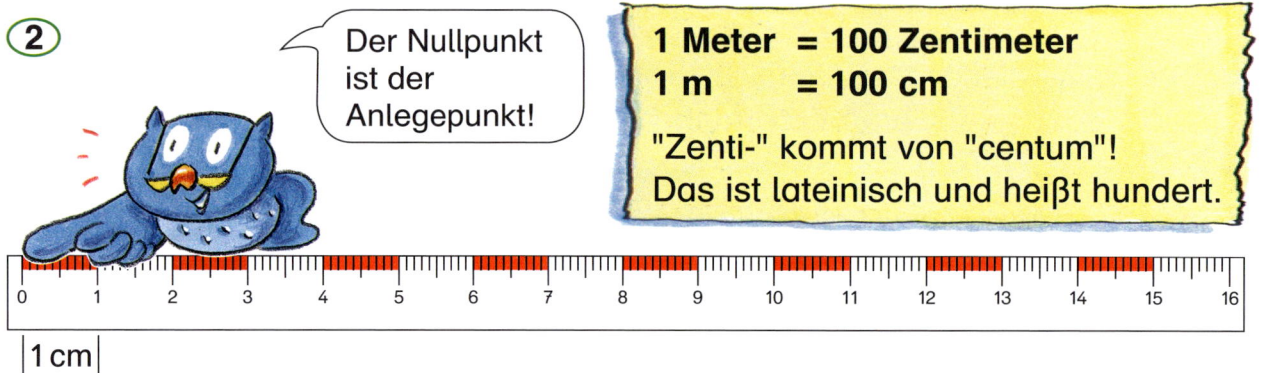

|1 cm|

(3) Wie lang ist – dein großes Lineal?
– dein Lineal im Federmäppchen?
– das Lineal für die Tafel?

(4) Welche Gegenstände sind etwa so lang?

| 1 cm | 10 cm | 30 cm | 50 cm | 1 m | 2 m | ? |

Miss und schreibe auf.

(5) Sophie hat ihre Körpermaße genau nachgemessen.

So hat Sophies Mutter gemessen:

Sophie	
Daumenbreite:	1 cm
Handbreite:	7 cm
Handspanne:	15 cm
Elle:	26 cm
Armspanne:	1 m 20 cm
Fuß:	21 cm
Schritt:	60 cm
Körpergröße:	1 m 20 cm

Sophies Mutter	
Daumenbreite:	2 cm
Handbreite:	11 cm
Handspanne:	19 cm
Elle:	34 cm
Armspanne:	1 m 60 cm
Fuß:	24 cm
Schritt:	75 cm
Körpergröße:	1 m 62 cm

Lege dir ein eigenes Maßblatt an.
a) Vergleiche deine Maße mit den Maßen von Sophie.
b) Vergleiche deine Körpermaße mit den Körpermaßen eines Erwachsenen.

6 Wie groß sind die Vogeleier?

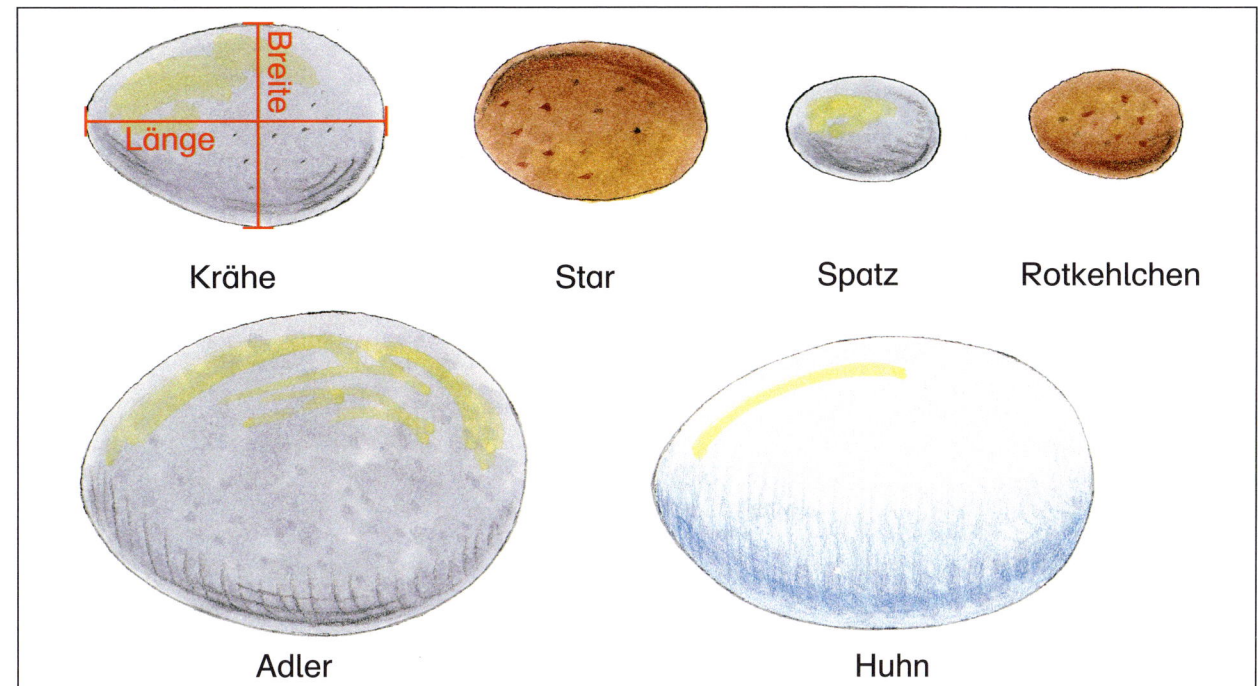

Krähe   Star   Spatz   Rotkehlchen

Adler   Huhn

Vergleiche und
miss Länge
und Breite.

	Länge	Breite
Krähe		

7 Zeichne diese Eier.

Das Straußenei ist das größte Ei der Welt.
Es ist etwa 17 cm lang und 13 cm breit.

Das kleinste Ei legt der Kolibri.
Es ist etwa 1 cm lang und 1 cm breit.

Ein Eulenei ist etwa 4 cm lang und 3 cm breit.

8 Miss die Strecken und zeichne sie ins Heft.

a) ⊢————————————————⊣   d) ⊢————————————⊣

b) ⊢————————————————⊣   e) ⊢——————⊣

c) ⊢———⊣   ⭐ f) ⊢————————⊣

9 Ordne nach der Länge.

a) 5 m, 15 cm, 10 cm, 50 cm

b) 10 cm, 1 cm, 10 m, 100 cm

c) 1 m 50 cm, 1 m 5 cm, 5 m 1 cm

d) 3 m, 30 m, 3 cm, 30 cm

e) 1 m 35 cm, 1 m 75 cm, 2 m 15 cm

f) 75 cm, 7 m 15 cm, 1 m 75 cm

1 Rechnen mit Zehnern. Zeige und rechne.

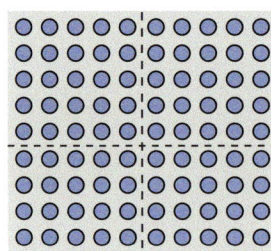

a) 40 + 30 = ☐
   20 + 60 = ☐
   30 + 50 = ☐
   10 + 20 = ☐
   50 + 10 = ☐

b) 80 − 30 = ☐
   70 − 20 = ☐
   50 − 50 = ☐
   60 − 10 = ☐
   40 − 20 = ☐

c) 10 + 30 = ☐
   60 − 20 = ☐
   30 + 70 = ☐
   90 − 80 = ☐
   20 + 30 = ☐

2 Rechnen mit Einern. Setze die Reihen fort. Wie verändert sich das Ergebnis?

a)

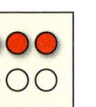

4 + 2 = ☐

14 + 2 = ☐

24 + 2 = ☐

…   …

b)

7 − 3 = ☐

17 − 3 = ☐

27 − 3 = ☐

…   …

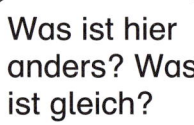

Was ist hier anders? Was ist gleich?

c)

7 + 5 = ☐

17 + 5 = ☐

27 + 5 = ☐

…   …

d)

12 − 8 = ☐

22 − 8 = ☐

32 − 8 = ☐

…   …

3 Rechne weiter.

a) 7 + 2 = ☐
   17 + 2 = ☐
   …

b) 5 − 3 = ☐
   15 − 3 = ☐
   …

c) 3 + 4 = ☐
   13 + 4 = ☐
   …

d) 8 − 6 = ☐
   18 − 6 = ☐
   …

e) 6 + 7 = ☐
   16 + 7 = ☐
   …

f) 13 − 6 = ☐
   23 − 6 = ☐
   …

g) 8 + 4 = ☐
   18 + 4 = ☐
   …

h) 12 − 6 = ☐
   22 − 6 = ☐
   …

i) Erfinde ähnliche Aufgabenreihen.

4 Rechnen mit Zehnerzahlen. Setze die Reihen fort.

a) $23 + 10 = \square$
$23 + 20 = \square$
$23 + 30 = \square$
$23 + 40 = \square$
...

b) $97 - 10 = \square$
$97 - 20 = \square$
$97 - 30 = \square$
$97 - 40 = \square$
...

c) $6 + 10 = \square$
$6 + 20 = \square$
$6 + 30 = \square$
$6 + 40 = \square$
...

d) $69 - 10 = \square$
$69 - 20 = \square$
$69 - 30 = \square$
$69 - 40 = \square$
...

5 Von leichten zu schwierigeren Aufgaben

$23 + 30 = 53$
$23 + 34 = \square$

Das sind 4 mehr.

Überlege: Wie verändert sich das Ergebnis von der ersten zur zweiten Aufgabe?

a) $23 + 30 = \square$
$23 + 34 = \square$

b) $97 - 20 = \square$
$97 - 25 = \square$

c) $6 + 20 = \square$
$6 + 23 = \square$

d) $69 - 40 = \square$
$69 - 44 = \square$

e) $35 + 30 = \square$
$35 + 32 = \square$

f) $86 - 30 = \square$
$86 - 34 = \square$

g) $36 + 40 = \square$
$36 + 43 = \square$

h) $47 - 30 = \square$
$47 - 35 = \square$

i) $42 + 40 = \square$
$42 + 45 = \square$

j) $68 - 50 = \square$
$68 - 56 = \square$

k) $15 + 60 = \square$
$15 + 64 = \square$

l) $75 - 50 = \square$
$75 - 43 = \square$

m) $66 + 20 = \square$
$66 + 21 = \square$

n) $55 - 20 = \square$
$55 - 23 = \square$

o) $32 + 50 = \square$
$32 + 56 = \square$

p) $66 - 20 = \square$
$66 - 21 = \square$

6 Finde zu diesen Aufgaben jeweils die leichte Aufgabe.

a) $56 + 23 = \square$
$56 + 20 = \square$

b) $67 - 32 = \square$
$67 - 30 = \square$

c) $51 + 24 = \square$
$\square + \square = \square$

d) $44 - 23 = \square$
$\square - \square = \square$

e) $41 + 24 = \square$
$\square + \square = \square$

f) $33 - 22 = \square$
$\square - \square = \square$

g) $41 + 27 = \square$
$\square + \square = \square$

h) $47 - 35 = \square$
$\square - \square = \square$

i) $23 + 55 = \square$
$\square + \square = \square$

j) $97 - 53 = \square$
$\square - \square = \square$

k) $16 + 23 = \square$
$\square + \square = \square$

l) $69 - 44 = \square$
$\square - \square = \square$

m) $71 + 25 = \square$
$\square + \square = \square$

n) $46 - 25 = \square$
$\square - \square = \square$

o) $35 + 44 = \square$
$\square + \square = \square$

p) $77 - 35 = \square$
$\square - \square = \square$

58 + 36 = ☐

Katharina

5 8 + 3 6 = ☐

5 0 + 3 0 = 8 0

8 + 6 = 1 4

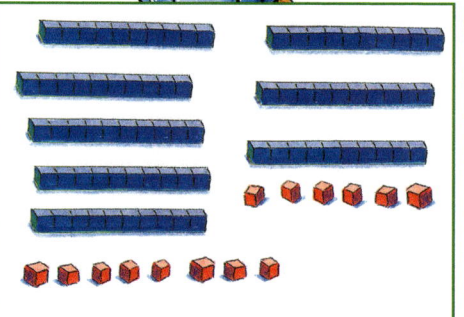

Jakob

5 8 + 3 6 = ☐

8 + 6 = 1 4

5 0 + 3 0 = 8 0

Emil

5 8 + 3 6 = ☐

5 8 + 3 0 + 6 = ☐

Jonas

5 8 + 3 6 = ☐

5 8 + 6 + 3 0 = ☐

Susanne

5 8 + 3 6 = ☐

6 0 + 3 6 - 2 = ☐

Mateja

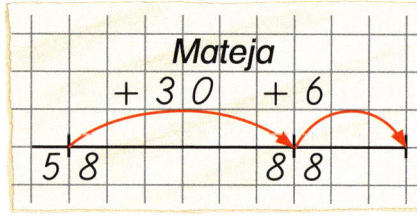

+ 3 0   + 6

5 8   8 8

Magdalena

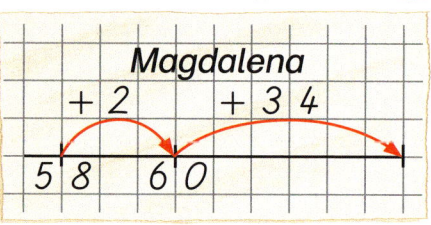

+ 2   + 3 4

5 8   6 0

① Wie rechnest du? Ist dein Rechenweg oben dabei?

② Beschreibe die Rechenwege der anderen Kinder.
Welche Erklärung passt zu welcher Aufgabe?

a) (Zehner plus Zehner, Einer plus Einer.

b) (Erst plus Zehner, dann die Einer dazu.

c) (Zum vollen Zehner und dann weiter.

d) (Einer plus Einer, Zehner plus Zehner.

③ Löse auf deinem Weg. Schreibe ihn auf und erkläre.

67 + 14

Ich zeige es mit Stangen und Würfeln.

Ich schreibe kürzer.
67 + 14 = ☐
77

57 + 28   38 + 26   46 + 25   74 + 17

4 Auf die Einer kommt es an. Rechne.

Was bleibt gleich, was ändert sich?

a)

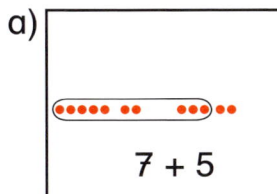
7 + 5

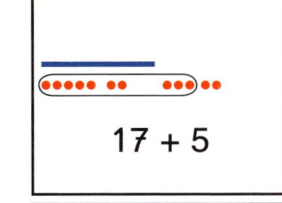
17 + 5

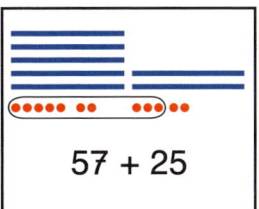
57 + 25

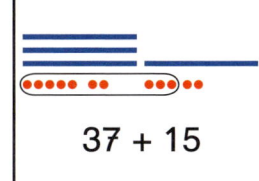
37 + 15

b)

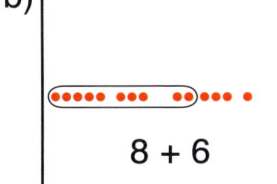
8 + 6

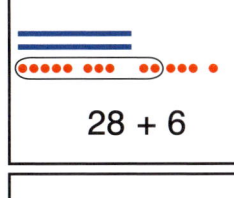
28 + 6

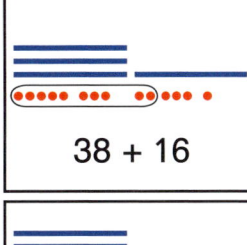
38 + 16

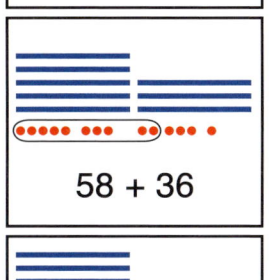
58 + 36

c)

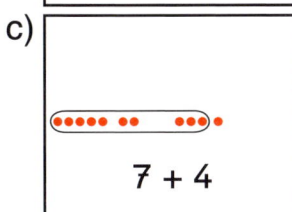
7 + 4

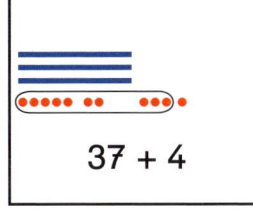
37 + 4

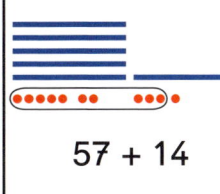
57 + 14

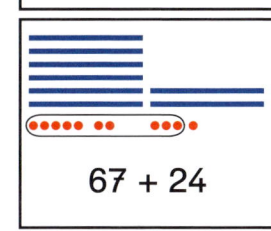
67 + 24

5 Die kleine Aufgabe hilft. Rechne.

a)	8 + 5	28 + 5	48 + 15	68 + 5	?
b)	9 + 3	39 + 3	39 + 33	59 + 23	?
c)	7 + 6	57 + 6	57 + 26	57 + 36	?
d)	4 + 8	14 + 8	14 + 58	14 + 68	?

6 Finde die kleine Aufgabe und rechne.

a)	?	64 + 2 = ☐	34 + 2 = ☐	14 + 12 = ☐	24 + 2 = ☐
b)	?	36 + 8 = ☐	26 + 28 = ☐	46 + 18 = ☐	86 + 8 = ☐
c)	?	57 + 5 = ☐	37 + 15 = ☐	77 + 5 = ☐	47 + 35 = ☐
d)	?	13 + 7 = ☐	93 + 7 = ☐	23 + 17 = ☐	43 + 47 = ☐
e)	?	25 + 9 = ☐	25 + 29 = ☐	25 + 59 = ☐	25 + 39 = ☐

Simsala ordnet Plusaufgaben.

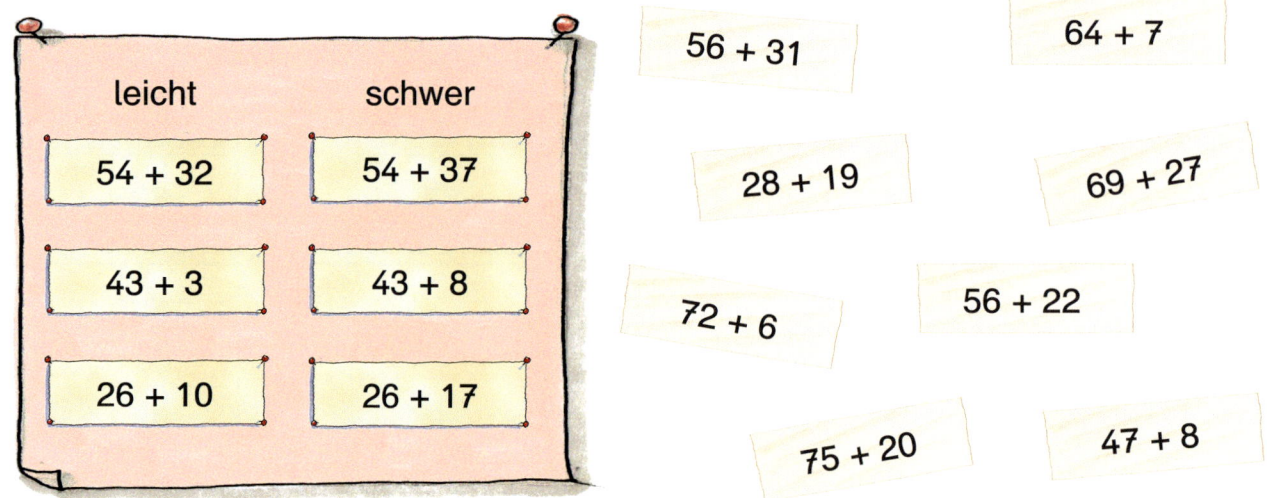

leicht	schwer
54 + 32	54 + 37
43 + 3	43 + 8
26 + 10	26 + 17

56 + 31   64 + 7

28 + 19   69 + 27

72 + 6   56 + 22

75 + 20   47 + 8

1 a) Wie ordnet Simsala? Welche Aufgaben sind für sie leicht, welche schwer?

b) Ordne wie Simsala. Rechne alle Aufgaben.

2 Bilde mit diesen Zahlen Plusaufgaben.
Welche sind für dich leicht, welche schwer?

3   5   8

11   24   96

19   35   37

für mich leicht	für mich schwer
2 4 + 3 = 2 7	3 5 + 1 9 = ▭
8 + 5 = ▭	

3 Rechne auf deinem Weg.

a) 64 + 17 = ▭
43 + 35 = ▭
18 + 36 = ▭

b) 45 + 13 = ▭
26 + 29 = ▭
38 + 43 = ▭

c) 78 + 17 = ▭
82 + 18 = ▭
66 + 17 = ▭

d) 56 + 27 = ▭
43 + 35 = ▭
38 + 36 = ▭

e) 17 + 42 = ▭
39 + 15 = ▭
43 + 27 = ▭

f) 69 + 23 = ▭
27 + 22 = ▭
25 + 75 = ▭

g) 19 + 61 = ▭
22 + 27 = ▭
38 + 54 = ▭

h) 39 + 47 = ▭
26 + 43 = ▭
56 + 24 = ▭

50

4 Nahe beim vollen Zehner

36 + 29
36 + 30 − 1

36 + 29 = ☐

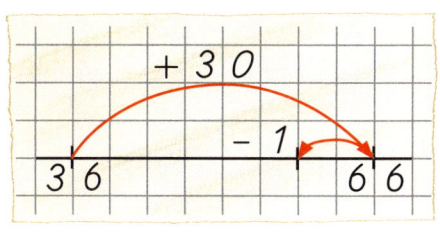

Eulalias Tipp hilft bei Zahlen mit 8 und 9 am Ende. Rechne alle Aufgaben
im Heft. Markiere die Aufgaben, bei denen der Tipp hilft.

a) 45 + 46 = ☐   b) 27 + 19 = ☐   c) 52 + 23 = ☐   d) 46 + 33 = ☐

39 + 34 = ☐   27 + 26 = ☐   45 + 29 = ☐   54 + 39 = ☐

48 + 41 = ☐   33 + 49 = ☐   36 + 38 = ☐   28 + 27 = ☐

69 + 15 = ☐   56 + 38 = ☐   54 + 45 = ☐   59 + 23 = ☐

5 Leichte Aufgaben – schwierige Aufgaben
Beginne in jedem Päckchen mit der Aufgabe, die für dich am leichtesten ist.

Schreibe so:

a) 4 5 + 2 0 = 6 5

4 5 + 1 9 = ☐☐

4 5 + 1 8 = ☐☐

a) 45 + 19 = ☐   b) 64 + 37 = ☐   c) 35 + 56 = ☐

45 + 20 = ☐   64 + 40 = ☐   38 + 56 = ☐

45 + 18 = ☐   64 + 39 = ☐   40 + 56 = ☐

d) 75 + 28 = ☐   e) 16 + 30 = ☐   f) 48 + 25 = ☐

75 + 30 = ☐   16 + 28 = ☐   50 + 25 = ☐

75 + 29 = ☐   17 + 29 = ☐   49 + 25 = ☐

6 Rechne auf deinem Weg.

a) 45 + 46 = ☐   b) 37 + 29 = ☐   c) 32 + 43 = ☐   d) 43 + 38 = ☐

39 + 44 = ☐   75 + 16 = ☐   55 + 39 = ☐   56 + 37 = ☐

68 + 31 = ☐   33 + 44 = ☐   46 + 27 = ☐   48 + 27 = ☐

29 + 45 = ☐   66 + 28 = ☐   64 + 36 = ☐   44 + 47 = ☐

Schöne Parkette

AH S. 31/32

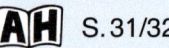

1 a) Nimm deine Plättchen und vervollständige die Parkette. Achte auf die Muster.

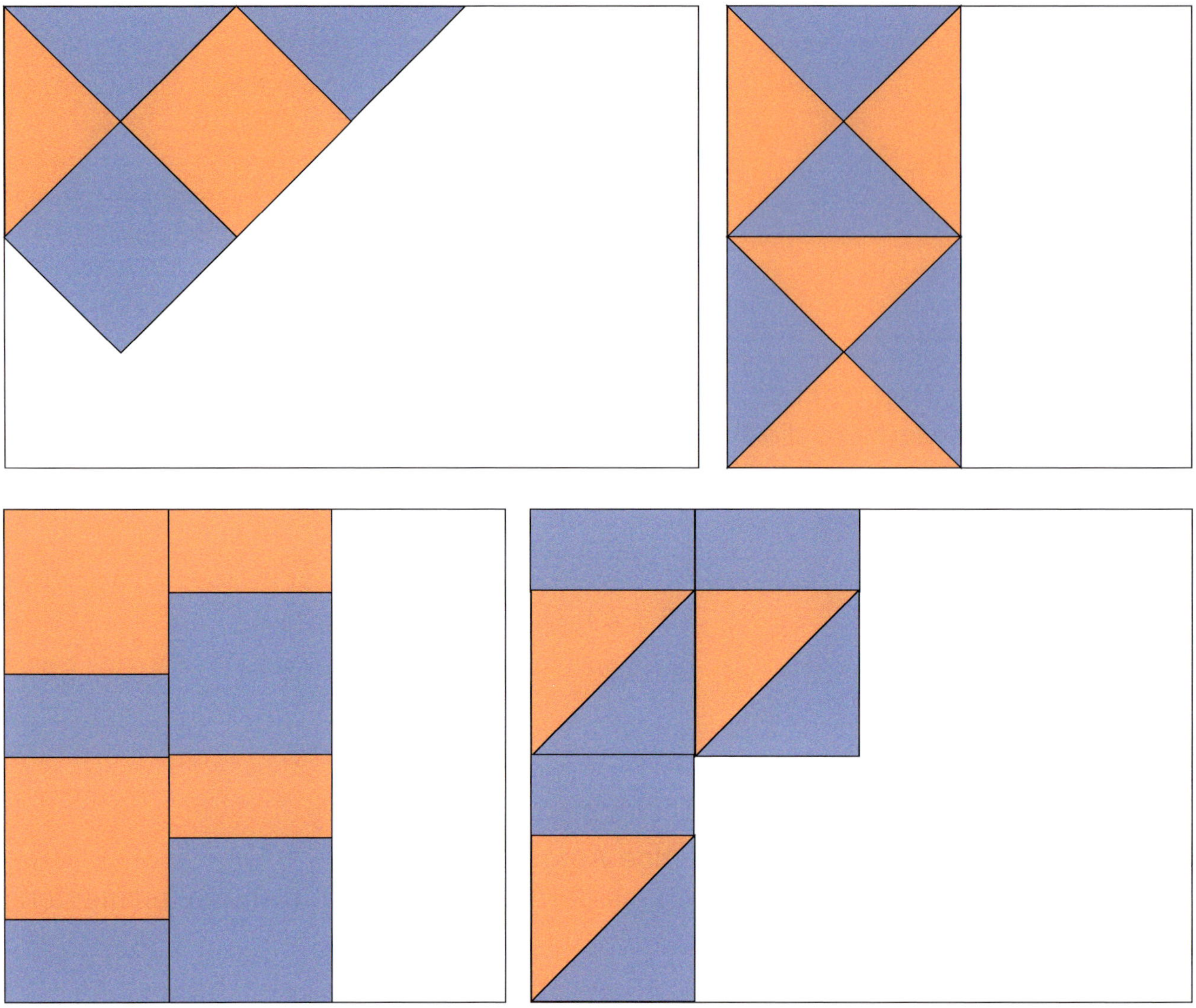

b) Nimm deine Schablone. Zeichne die Muster in dein Heft.

Wenn man gleiche Muster aneinandersetzt, erhält man Parkette.

2 Übertrage das Punkteraster in dein Heft.
Male das Muster.

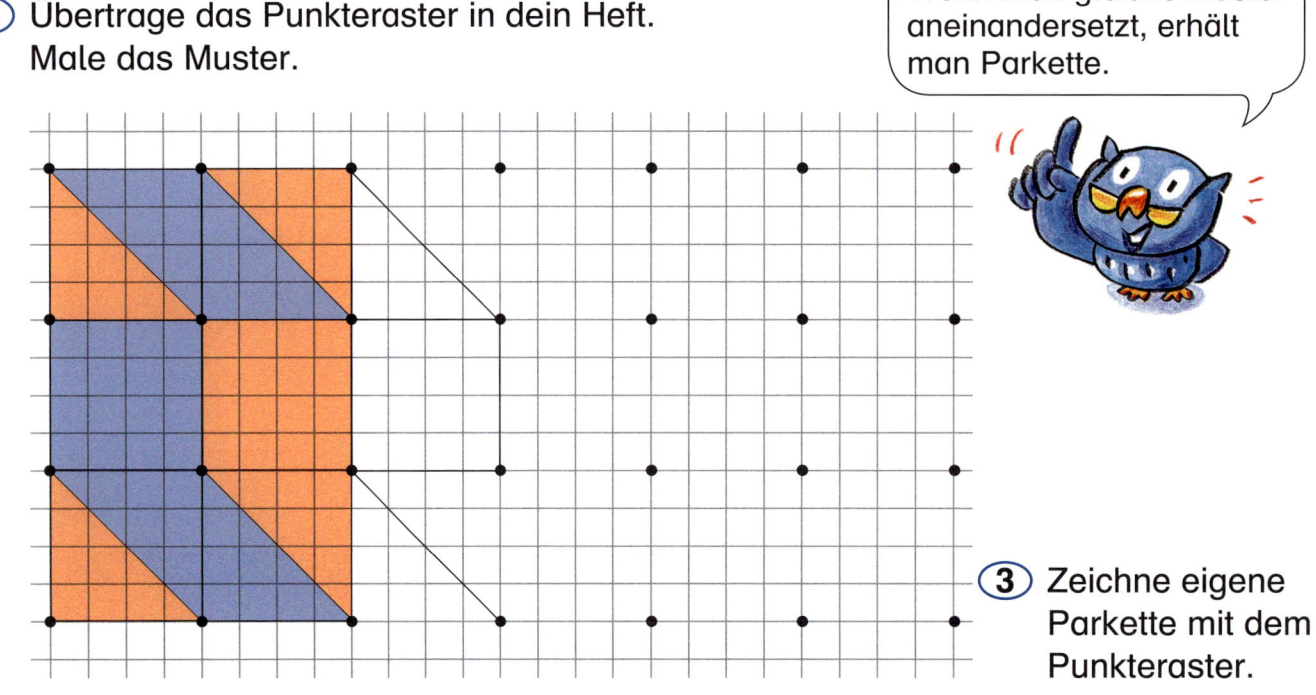

3 Zeichne eigene Parkette mit dem Punkteraster.

Es wird ein Stück abgeschnitten und an einer anderen Stelle wieder angesetzt.

4 Schneide die Quadrate wie im Bild und lege Muster.

5

a) Andere Parkette: Suche dir eines aus und male es ins Heft.
b) Erfinde selbst ein Parkett.

6 So hat der Künstler M. C. Escher ein Bild gestaltet:

Du kannst auch selbst solche Muster herstellen. Zeichne sie in dein Geoheft.

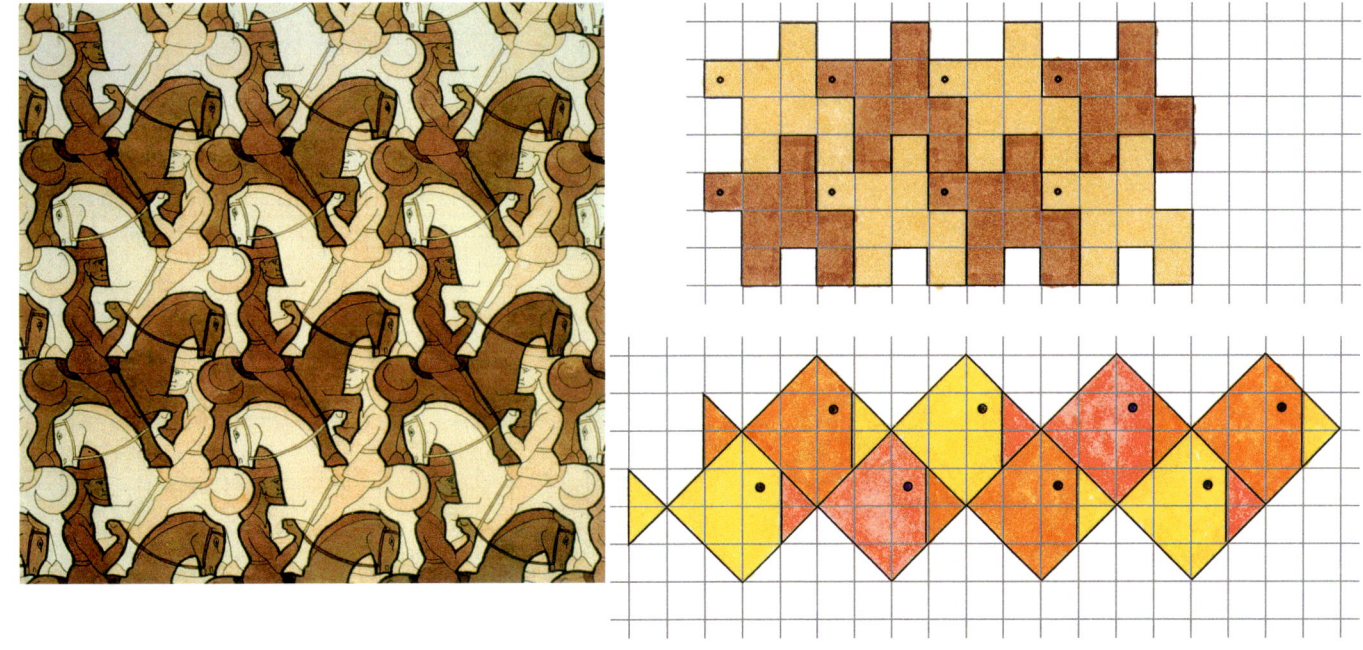

52 – 38 = ▢

Paul

	5	2	–	3	8	=	
5	2	–	3	0	–	8	=

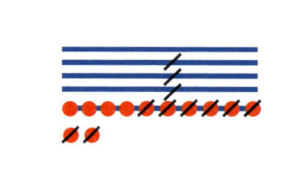

Florian

	5	2	–	3	8	=	
5	2	–	8	–	3	0	=

Lisa

– 3 6	– 2
5 0	5 2

Anja

	5	2	–	3	8	=	
	5	2	–	3	0	=	2 2
	2	2	–		8	=	

Viola

– 8	– 3 0
2 2	5 2

Maria

	5	2	–	3	8	=	
5	2	–	4	0	+	2	=

1 Wie rechnest du? Ist dein Rechenweg dabei?

2 Beschreibe die Rechenwege der anderen Kinder.
Welche Erklärung passt zu welcher Aufgabe?

a) Erst die Zehner weg, dann die Einer weg.

b) Minus nächster Zehner, plus Einer.

c) Minus Einer, minus Zehner.

d) Zurück zum vollen Zehner, dann weiter.

3 Löse auf deinem Weg. Schreibe ihn auf und erkläre.

61 – 33

Ich zeige es mit Stangen und Würfeln.

Ich schreibe kürzer.
61 – 33 = ▢
31

73 – 36	84 – 57	55 – 38	43 – 25

4 Auf die Einer kommt es an. Rechne.

a)

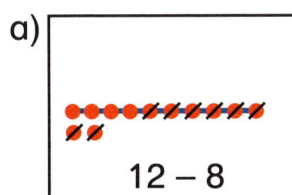
12 – 8

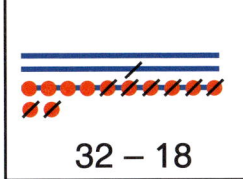
32 – 18

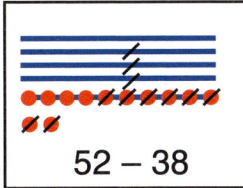
52 – 38

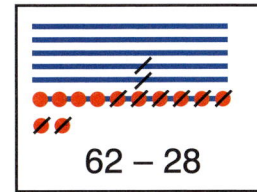
62 – 28

b)

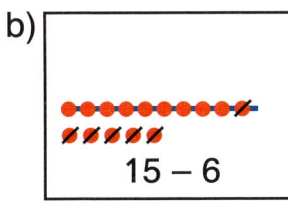
15 – 6

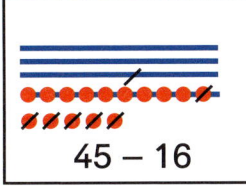
45 – 16

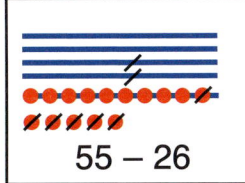
55 – 26

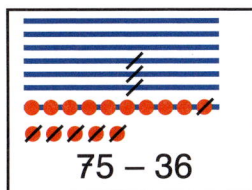
75 – 36

c)

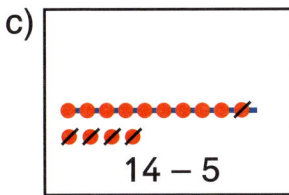
14 – 5

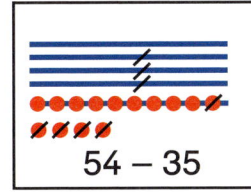
54 – 35

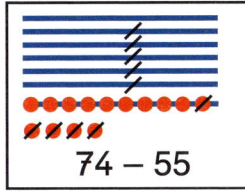
74 – 55

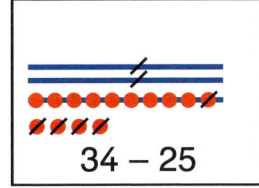
34 – 25

5 Die kleine Aufgabe hilft. Zeichne in deinem Heft und rechne.

a)	**13 – 6**	43 – 6	73 – 46	63 – 36	?
b)	**14 – 5**	54 – 5	74 – 25	84 – 15	?
c)	**15 – 7**	65 – 7	65 – 37	65 – 57	?
d)	**17 – 9**	87 – 9	87 – 29	97 – 37	?

6 Finde die kleine Aufgabe und rechne.

a)	?	58 – 3 = ☐	88 – 33 = ☐	48 – 13 = ☐	28 – 3 = ☐
b)	?	82 – 5 = ☐	62 – 35 = ☐	72 – 25 = ☐	32 – 15 = ☐
c)	?	50 – 7 = ☐	30 – 27 = ☐	100 – 7 = ☐	40 – 17 = ☐
d)	?	51 – 6 = ☐	91 – 36 = ☐	51 – 16 = ☐	71 – 26 = ☐
e)	?	33 – 7 = ☐	53 – 47 = ☐	83 – 27 = ☐	93 – 67 = ☐
f)	?	100 – 89 = ☐	80 – 69 = ☐	70 – 29 = ☐	100 – 59 = ☐

Bim ordnet Minusaufgaben.

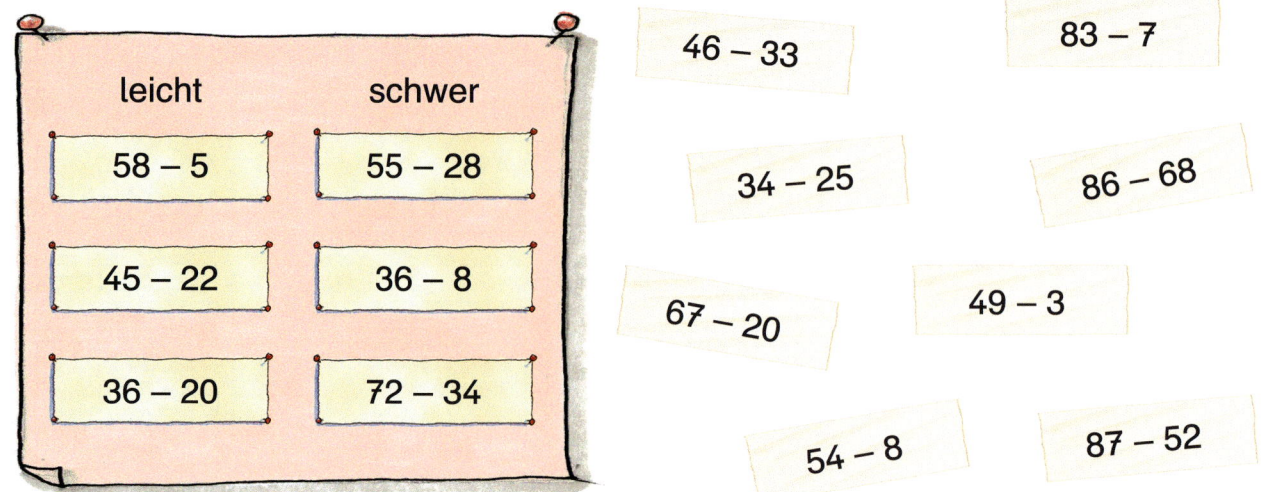

leicht	schwer
58 – 5	55 – 28
45 – 22	36 – 8
36 – 20	72 – 34

46 – 33 83 – 7

34 – 25 86 – 68

67 – 20 49 – 3

54 – 8 87 – 52

1 a) Wie ordnet Bim?
Welche Aufgaben sind für ihn leicht, welche schwer?
b) Ordne wie Bim. Rechne.

2 Bilde mit diesen Zahlen Minusaufgaben.
Welche sind für dich leicht, welche schwer?

3 8 5

11 24 96

19 35 37

für mich leicht	für mich schwer
2 4 – 3 = 2 1	3 5 – 1 9 = ▨
8 – 5 = ▨	

3 Rechne auf deinem Weg.

a) 64 – 17 = ▢
83 – 35 = ▢
68 – 39 = ▢
74 – 55 = ▢

b) 75 – 13 = ▢
86 – 29 = ▢
80 – 43 = ▢
92 – 16 = ▢

c) 78 – 37 = ▢
82 – 18 = ▢
66 – 49 = ▢
55 – 47 = ▢

d) 56 – 27 = ▢
45 – 33 = ▢
94 – 36 = ▢
91 – 15 = ▢

So hat Paul angefangen.
Nun weiß er nicht mehr weiter.

52 – 38 = ▢
50 – 30 = 20
2 – 8 = ▢

4 Nahe beim vollen Zehner

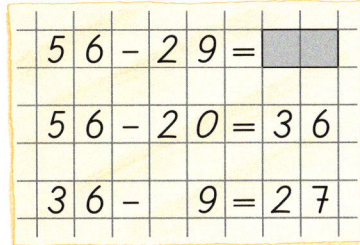

56 – 29 = ☐
56 – 30 + 1 = 27

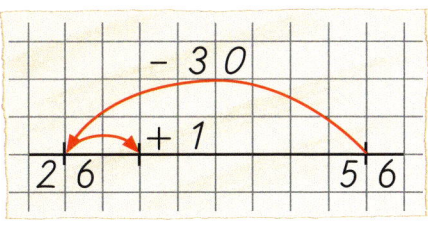

Eulalias Tipp hilft bei Zahlen mit 8 und 9 am Ende. Rechne alle Aufgaben im Heft. Markiere die Aufgaben, bei denen der Tipp hilft.

a) 45 – 29 = ☐   b) 68 – 24 = ☐   c) 83 – 38 = ☐   d) 84 – 38 = ☐

    96 – 28 = ☐   38 – 29 = ☐   86 – 42 = ☐   58 – 34 = ☐

    65 – 38 = ☐   51 – 25 = ☐   73 – 31 = ☐   76 – 39 = ☐

    91 – 45 = ☐   94 – 48 = ☐   72 – 49 = ☐   32 – 15 = ☐

5 Leichte Aufgaben – schwierige Aufgaben
Beginne in jedem Päckchen mit der Aufgabe, die für dich am leichtesten ist.

Schreibe so:

a) 55 – 30 = 25
   55 – 28 = ☐
   55 – 29 = ☐

a) 55 – 29 = ☐   b) 98 – 72 = ☐   c) 56 – 39 = ☐
   55 – 28 = ☐   98 – 70 = ☐   56 – 40 = ☐
   55 – 30 = ☐   98 – 69 = ☐   56 – 42 = ☐

d) 66 – 27 = ☐   e) 41 – 13 = ☐   f) 76 – 43 = ☐
   67 – 27 = ☐   42 – 13 = ☐   77 – 44 = ☐
   68 – 27 = ☐   43 – 13 = ☐   78 – 45 = ☐

6 Rechne auf deinem Weg.

a) 55 – 46 = ☐   b) 37 – 29 = ☐   c) 46 – 33 = ☐   d) 83 – 38 = ☐

    74 – 41 = ☐   75 – 16 = ☐   50 – 39 = ☐   56 – 37 = ☐

    61 – 38 = ☐   55 – 44 = ☐   28 – 27 = ☐   46 – 28 = ☐

    45 – 29 = ☐   66 – 28 = ☐   53 – 26 = ☐   47 – 45 = ☐

① Aus Fehlern kannst du lernen.
Finde die Fehler.

$$26 + 38 = 63$$
$$20 + 30 = 50$$
$$6 + 8 = 13$$

$$47 + 18 = 56$$
$$47 + 10 = 48$$
$$48 + 8 = 56$$

$$34 + 24 = 85$$
$$34 + 20 = 54$$
$$54 + 4 = 85$$

$$55 + 29 = 86$$
$$55 + 30 = 85$$
$$85 - 1 = 86$$

a) Hochwirksame Rechentipps. Welcher Tipp kann jeweils helfen?

Plusaufgaben bis 20 üben	Auf Zehner und Einer achten	⊕ und ⊖ nicht verwechseln	An den Rechenstrich denken

b) Rechne richtig.

② Rechne nur die Aufgaben, bei denen das Ergebnis eine glatte Zehnerzahl ist.

a) $35 + 25 = \square$

$13 + 67 = \square$

$68 + 16 = \square$

$81 + 14 = \square$

b) $45 + 19 = \square$

$83 + 7 = \square$

$36 + 36 = \square$

$26 + 14 = \square$

c) $35 + 29 = \square$

$41 + 39 = \square$

$58 + 12 = \square$

$86 + 13 = \square$

d) $27 + 43 = \square$

$52 + 19 = \square$

$64 + 17 = \square$

$36 + 44 = \square$

③ Ergänze zum nächsten Zehner.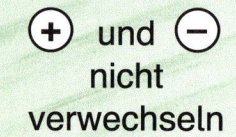

a) $36 + \square = 40$

$82 + \square = 90$

$55 + \square = 60$

$16 + \square = 20$

b) $53 + \square = 60$

$55 + \square = 60$

$57 + \square = 60$

$59 + \square = 60$

c) $\square + 5 = 40$

$\square + 2 = 60$

$\square + 4 = 90$

$\square + 1 = 100$

d) $\square + 9 = 70$

$38 + \square = 40$

$\square + 7 = 80$

$22 + \square = 30$

> Aufgaben mit glatten Zehnern finde ich einfach.
> $30 + 20 = 50$

④ Rechne die einfachste Aufgabe zuerst.

a) $31 + \square = 50$

$30 + \square = 50$

$29 + \square = 50$

$28 + \square = 50$

b) $58 + \square = 100$

$59 + \square = 100$

$60 + \square = 100$

$61 + \square = 100$

c) $30 + \square = 40$

$\square + 12 = 40$

$26 + \square = 40$

$\square + 16 = 40$

d) $\square + 56 = 80$

$21 + \square = 80$

$\square + 62 = 80$

$15 + \square = 80$

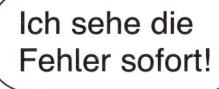

① Das richtige Ergebnis auf den ersten Blick.
Welche Ergebnisse sind falsch? Erkläre und rechne richtig.

a) 70 + 3 = 100   b) 35 + 35 = 70   c) 22 + 40 = 26
   72 + 5 = 77   40 + 2 = 60   13 + 16 = 92
   20 + 50 = 52   24 + 20 = 42   31 + 16 = 47
   42 + 42 = 84   44 + 22 = 66   55 + 4 = 95

② Bilde aus diesen Zahlen Plusaufgaben. Schätze vorher das Ergebnis.

Das Ergebnis soll … a) kleiner als 60 sein,
                    b) größer als 50 sein,
                    c) zwischen 60 und 80 liegen,
                    d) genau 77 sein.

③ Murmelspiel

a) Julia und Jan haben bei jedem Spiel viermal geworfen.

	1. Spiel	2. Spiel	3. Spiel	4. Spiel
Julia	50	25	40	10
Jan	40	25	60	20

Wer ist Sieger? Erkennst du es auf einen Blick?

b) Auch hier wurde bei jedem Spiel viermal geworfen.

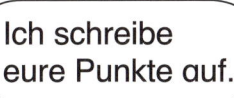

	1. Spiel	2. Spiel	3. Spiel	4. Spiel
Andreas	40	45	60	30
Sarah	20	35	70	35
Noah	45	20	55	15
Lea	60	40	25	30

Wer ist hier Sieger? Überschlage.
Wer hat wohl verloren?

c) Welches ist die höchste Punktzahl, die mit 4 Treffern erzielt werden kann?
Welches ist die niedrigste Punktzahl, die mit 4 Treffern erreicht werden kann?

⭐ d) Wie kann es bei 4 Versuchen zu 10, 15, 25, 35, … Punkten kommen?
Können bei 4 Treffern insgesamt 75 Punkte erreicht werden?

1 Aus Fehlern kannst du lernen.

$$62 - 35 = 37$$
$$62 - 30 = 32$$
$$32 - 5 = 37$$

$$35 - 29 = 14$$
$$30 - 20 = 10$$
$$5 - 9 = 4$$

$$73 - 36 = 38$$
$$73 - 30 = 43$$
$$43 - 6 = 38$$

a) Erkläre die Fehler.
b) Hochwirksame Rechentipps. Welcher Tipp kann jeweils helfen?

| Minusaufgaben bis 20 üben. | Bei ⊖ Zahlen nicht vertauschen. | ⊕ und ⊖ nicht verwechseln. | Dein Tipp? |

c) Rechne richtig.

2 Rechne nur die Aufgaben, bei denen der „Zehner geknackt" wird.

a) $35 - 28 = \square$
  $67 - 13 = \square$
  $48 - 32 = \square$
  $31 - 3 = \square$

b) $45 - 23 = \square$
  $83 - 7 = \square$
  $36 - 32 = \square$
  $28 - 18 = \square$

c) $35 - 29 = \square$
  $41 - 39 = \square$
  $58 - 12 = \square$
  $86 - 13 = \square$

d) $27 - 16 = \square$
  $52 - 19 = \square$
  $64 - 17 = \square$
  $36 - 13 = \square$

3 Immer zwei Rechnungen haben das gleiche Ergebnis.

Suche sie, schreibe so: $\boxed{6\;0\;-\;1\;0\;=\;6\;5\;-\;1\;5}$

$60 - 10 = \square$	$56 - 10 = \square$	$30 - 3 = \square$	$65 - 15 = \square$
$32 - 5 = \square$	$27 - 7 = \square$	$68 - 48 = \square$	$62 - 16 = \square$
$71 - 5 = \square$	$99 - 66 = \square$	$80 - 14 = \square$	$40 - 7 = \square$

4 Findest du die fehlende Zahl?

a) $35 - 15 = 27 - \square$
  $73 - \square = 80 - 9$
  $54 - 12 = \square - 6$

b) $35 + 15 = \square + 10$
  $42 + \square = 53 + 13$
  $18 + 33 = 49 + \square$

c) $35 - \square = 16 + 14$
  $\square + 17 = 85 - 45$
  $99 - 77 = \square + 11$

5 Erkläre, wie die Kinder rechnen.

$62 - 55 = \square$

Ich ergänze lieber $55 + \square = 62$.

Ich rechne $55 + 5 + 2 = 62$.

6 Rechne minus oder ergänze.

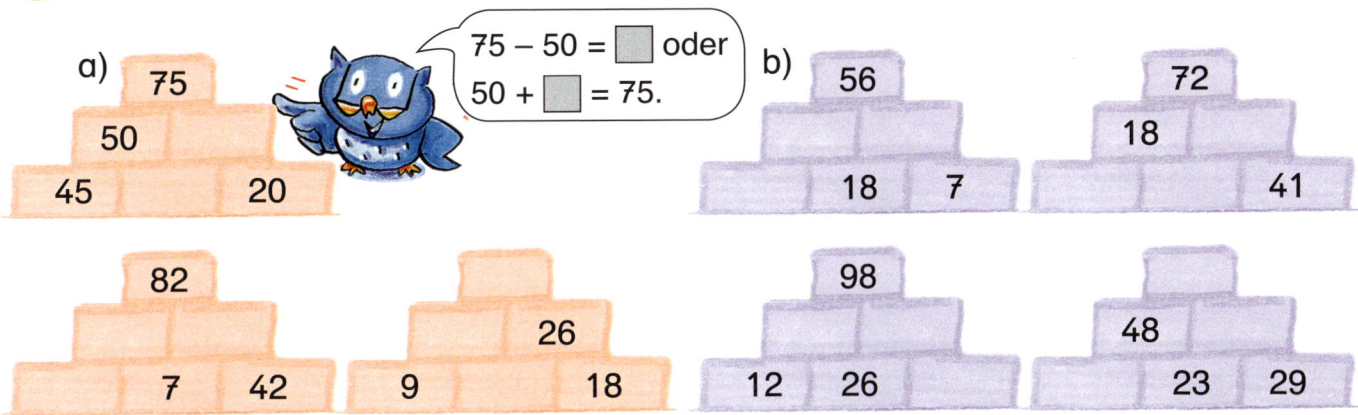

a)

$75 - 50 = \square$ oder $50 + \square = 75$.

b)

7 Ecksteine und Zielstein

a) Ziehe vom Zielstein die beiden Ecksteine der untersten Reihe ab. Vergleiche das Ergebnis mit dem Stein unten in der Mitte.

b) Überprüfe auch die Mauern aus Aufgabe **6**.

8 Knobelmauern:

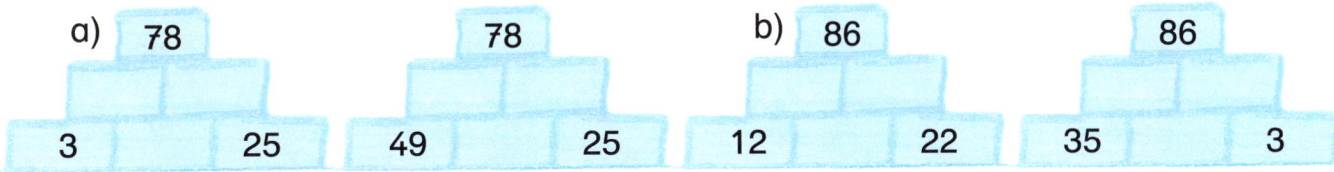

a)

b)

9 Für Profis!

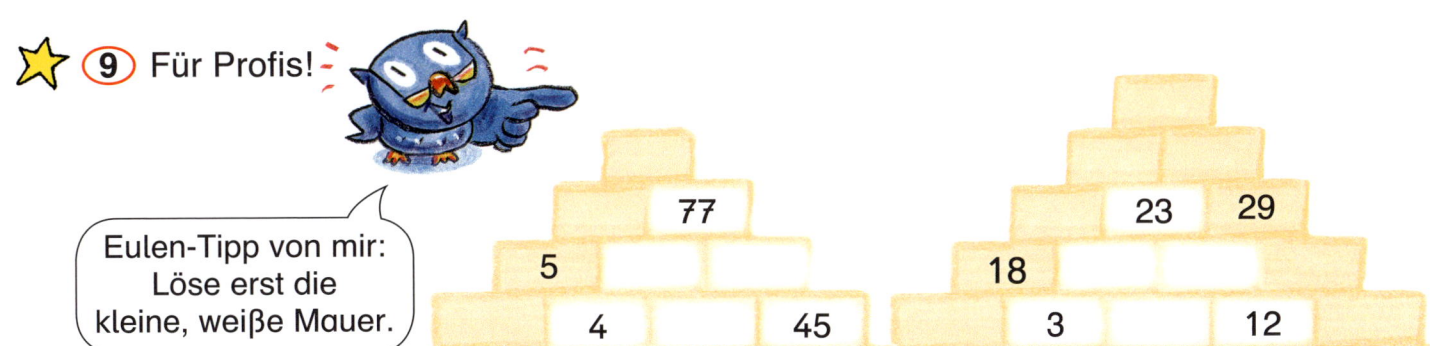

Eulen-Tipp von mir: Löse erst die kleine, weiße Mauer.

① Miss die Strecken und zeichne sie ins Heft:

a) ┠─────────┨   b) ┠──────────────┨   c) ┠────┨

d) ┠───────────────┨   e) ┠────────┨

② Ordne nach der Länge.

a) 4 m   40 m   4 cm   40 cm   b) 2 m 50 cm   2 m 5 cm   5 m 2 cm

③ Welche Stelle ändert sich? Rechne.

a) 46 + 30 = ☐   b) 21 + 50 = ☐   c) 63 + 20 = ☐   d) 42 + 44 = ☐
   46 + 33 = ☐   21 + 55 = ☐   63 + 22 = ☐   42 + 40 = ☐

e) 84 − 30 = ☐   f) 96 − 50 = ☐   g) 78 − 40 = ☐   h) 69 − 20 = ☐
   84 − 33 = ☐   96 − 55 = ☐   78 − 44 = ☐   69 − 22 = ☐

④ Beginne bei jedem Päckchen mit der Aufgabe, die für dich am leichtesten ist.

a) 53 + 30 = ☐   b) 38 + 25 = ☐   c) 77 − 40 = ☐   d) 58 − 28 = ☐
   53 + 29 = ☐   40 + 25 = ☐   77 − 41 = ☐   58 − 29 = ☐
   53 + 31 = ☐   39 + 25 = ☐   77 − 39 = ☐   58 − 26 = ☐

⑤ Finde die Fehler. Rechne richtig.

53 + 25 = 87
53 + 20 = 73
73 + 5 = 87

36 + 45 = 82
30 + 40 = 70
 6 + 5 = 12

81 − 17 = 76
80 − 10 = 70
 7 − 1 = 6

83 − 35 = 47
83 − 30 = 53
53 − 5 = 47

Denke an meine Rechentipps.

6 Rechne auf deinem Weg.

a) 42 − 26 = ☐
   61 − 15 = ☐
   83 − 34 = ☐

b) 37 + 45 = ☐
   68 + 23 = ☐
   56 + 24 = ☐

c) 53 − 28 = ☐
   74 − 37 = ☐
   82 − 46 = ☐

d) 28 + 36 = ☐
   49 + 18 = ☐
   67 + 26 = ☐

7 Rechne geschickt.

a) 56 + 19 = ☐
   45 + 39 = ☐
   62 + 29 = ☐
   71 + 49 = ☐

b) 95 − 49 = ☐
   67 − 29 = ☐
   74 − 39 = ☐
   53 − 19 = ☐

c) 55 + 29 = ☐
   44 + 28 = ☐
   63 + 19 = ☐
   56 + 39 = ☐

d) 84 − 19 = ☐
   58 − 39 = ☐
   96 − 49 = ☐
   75 − 28 = ☐

8 Zahlenmauern

54 / 16 5

39 / 10 / 5

21 / 14 / 3

95 / 22 / 9

68 / 42 / 19

43 / 32 / 8

70 / 7 11

81 / 38 15

9 Rechnen mit Zahlenkarten

15   27   43   57   8   36

Du kannst es auch mit anderen Zahlenkarten probieren.

Bilde aus diesen Zahlen Plusaufgaben.
Schätze vorher das Ergebnis.

Das Ergebnis soll   a) kleiner als 70 sein
            b) größer als 60 sein
            c) zwischen 70 und 90 liegen
            d) genau 51 sein.

1

Simsala zaubert
65 weiße Mäuse.

2 Mäuse laufen weg.

15 Mäuse schenkt sie
Bim zum Geburtstag.

Die restlichen Mäuse
behält sie zum Spielen.

 a) Sucht Fragen zur Geschichte.

b) Bei welchen Fragen müsst ihr rechnen?
Rechnet und antwortet.

2

Bim sammelt Zauberpflanzen im Wald.

Weil er durstig ist, zaubert er sich
aus 2 Pflanzen ein kühles Getränk.

20 Pflanzen versteckt er für Simsala
in einem hohlen Baum.

Als Bim sich ausruht, stiehlt ihm
die Hexe Ranunkel 21 Pflanzen und
die Hexe Mira 24 Pflanzen.

Nun ist sein Rucksack leer.

Beantworte diese Fragen.
Bei welchen Fragen musst du rechnen?
Rechne und antworte.

a) Wie viele Pflanzen hat Bim
insgesamt gesammelt?

b) Wie heißen die
Hexen?

c) Wie viele Pflanzen
werden Bim gestohlen?

d) Wie viele Pflanzen braucht
Bim für das Getränk?

e) Wie viele Pflanzen versteckt
Bim im hohlen Baum?

f) Wie viele Pflanzen hat Bim
am Ende der Geschichte?

3

Bim liest eine Woche
im großen Zauberbuch.

Am Montag, Dienstag und auch am
Mittwoch schafft er 15 Seiten.

Am Donnerstag liest er 20 Seiten.

Am Freitag und auch am Samstag
schafft er jeweils nur 9 Seiten.

Das Zauberbuch hat 100 Seiten.

Mo	Di	Mi	Do	Fr	Sa	So
15						

Beantworte diese Fragen. Zeichne eine Tabelle in dein Heft.
Bei welchen musst du rechnen?

a) Wie viele Seiten liest er am
Freitag und Samstag?

b) Wie viele Seiten liest er
am Donnerstag?

c) Wie viele Seiten liest er
von Montag bis Samstag?

d) Wie viele Seiten liest er
am Montag, Dienstag und
Mittwoch zusammen?

e) Wie viele Seiten muss er am Sonntag
lesen, damit er das Zauberbuch
in einer Woche schafft?

4

Simsala wandert drei Tage durch den
Zauberwald. Sie will zum Riesengebirge.

Um den Weg zu markieren,
hat sie 40 kleine Steine mitgenommen.

Am 1. Tag verbraucht sie 12 Steine.

In der Nacht schläft sie auf
einem weichen Lager aus Moos.

Am 2. Tag wirft sie insgesamt 25 Steine
auf den Weg.

Am 3. Tag trifft sie Eulalia.
Sie begleitet Simsala bis zum Gebirge
am Ende des Waldes.

1. Tag	2. Tag	3. Tag

a) Welche Wörter und Sätze sind zum Rechnen wichtig?
Welche könnte man
weglassen?
Schreibe die kürzere
Geschichte auf:

Simsala wandert 3 Tage durch den Wald.
Sie hat ...

b) Stellt Rechenfragen, rechnet und schreibt auch eine Antwort.

1. Januar

	Januar						Februar						März						April				
Mo		6	13	20	27	Mo		3	10	17	24	Mo		3	10	17	24	31	Mo		7	14	21	28
Di		7	14	21	28	Di		4	11	18	25	Di		4	11	18	25		Di	1	8	15	22	29
Mi	1	8	15	22	29	Mi		5	12	19	26	Mi		5	12	19	26		Mi	2	9	16	23	30
Do	2	9	16	23	30	Do		6	13	20	27	Do		6	13	20	27		Do	3	10	17	24
Fr	3	10	17	24	31	Fr		7	14	21	28	Fr		7	14	21	28		Fr	4	11	18	25
Sa	4	11	18	25	Sa	1	8	15	22	Sa	1	8	15	22	29		Sa	5	12	19	26
So	5	12	19	26	So	2	9	16	23	So	2	9	16	23	30		So	6	13	20	27

	Mai						Juni						Juli						August				
Mo		5	12	19	26	Mo		2	9	16	23	30	Mo		7	14	21	28	Mo		4	11	18	25
Di		6	13	20	27	Di		3	10	17	24	Di	1	8	15	22	29	Di		5	12	19	26
Mi		7	14	21	28	Mi		4	11	18	25	Mi	2	9	16	23	30	Mi		6	13	20	27
Do	1	8	15	22	29	Do		5	12	19	26	Do	3	10	17	24	31	Do		7	14	21	28
Fr	2	9	16	23	30	Fr		6	13	20	27	Fr	4	11	18	25	Fr	1	8	15	22	29
Sa	3	10	17	24	31	Sa		7	14	21	28	Sa	5	12	19	26	Sa	2	9	16	23	30
So	4	11	18	25	So	1	8	15	22	29	So	6	13	20	27	So	3	10	17	24	31

	September						Oktober						November						Dezember				
Mo	1	8	15	22	29	Mo		6	13	20	27	Mo		3	10	17	24	Mo	1	8	15	22	29
Di	2	9	16	23	30	Di		7	14	21	28	Di		4	11	18	25	Di	2	9	16	23	30
Mi	3	10	17	24	Mi	1	8	15	22	29	Mi		5	12	19	26	Mi	3	10	17	24	31
Do	4	11	18	25	Do	2	9	16	23	30	Do		6	13	20	27	Do	4	11	18	25
Fr	5	12	19	26	Fr	3	10	17	24	31	Fr		7	14	21	28	Fr	5	12	19	26
Sa	6	13	20	27	Sa	4	11	18	25	Sa	1	8	15	22	29	Sa	6	13	20	27
So	7	14	21	28	So	5	12	19	26	So	2	9	16	23	30	So	7	14	21	28

Feiertage: Neujahr 1. Januar, Hl.-Drei-Könige 6. Januar, Karfreitag 18. April, Ostern 20. und 21. April, Gesetzlicher Feiertag 1. Mai, Christi Himmelfahrt 29. Mai, Pfingsten 8. und 9. Juni, Fronleichnam 19. Juni, Mariä Himmelfahrt 15. August, Tag der Deutschen Einheit 3. Oktober, Reformationstag 31. Oktober, Allerheiligen 1. November, Buß- und Bettag 19. November, Weihnachten 25. und 26. Dezember

① Wie viele Monate hat ein Jahr?
Suche die Monate in der Jahreskette.

② Wie viele Tage hat jeder Monat?
Schreibe so:

> 1. Monat: Januar, 31 Tage
> 2. Monat: …

③ Suche die Feiertage im Kalender.
Welcher Wochentag ist es jeweils?
Wie ist das in diesem Jahr?

④ Bastelt eine Jahreskette wie Simsala.
Überlegt: Wie viele Perlen braucht
ihr für jeden Monat?
Schreibt Kärtchen für Feiertage,
Geburtstage und andere wichtige
Tage und heftet sie an die Kette.

⑤ a) Suche in dem Kalender.

den Beginn der Sommerferien

deinen Geburtstag   den heutigen Tag

?

b) Wie viele Monate und Tage sind es …

bis Ostern?   bis zu deinem Geburtstag?   bis …?

c) Wie lange dauern …

die Pfingstferien?   die Sommerferien?   die …?

> Mit der Faustregel kannst du feststellen, wie viele Tage ein Monat hat.

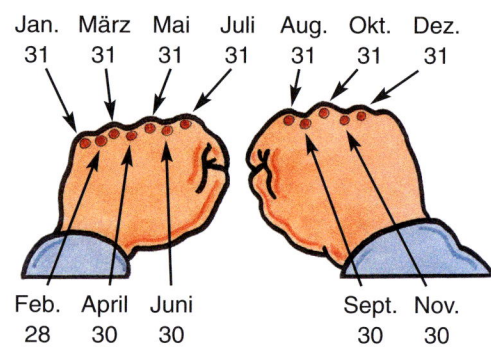

Jan. März Mai Juli   Aug. Okt. Dez.
31   31   31   31   31   31   31

Feb. April Juni   Sept. Nov.
28   30   30   30   30

> Die 12. Perle ist der 12. Tag!

29. Februar

April

Montag		7 Mateja	14 Ferien-beginn	21 Ostermontag	28 Schul-beginn
Dienstag	1	8 Training 15-17 Uhr	15	22	29
Mittwoch	2 Chor 12⁴⁵h-13⁰⁰h	9 Schwimmen 9-11Uhr	16	23	30
Donnerstag	3 Fahrt ins Museum	10	17 Gründonnerstag	24	
Freitag	4	11 Theater-gruppe 14-15 Uhr	18 Karfreitag	25	
Samstag	5	12	19	26	
Sonntag	6	13 Palmsonntag	20 Ostern	27 Franz	

6 Im Monatskalender der Klasse können besondere Tage und wichtige Ereignisse festgehalten werden.

a) Die Theatergruppe trifft sich alle 2 Wochen. Wann ist der zweite Termin im April?

b) Franz ist auf Matejas Geburtstagsfeier. Bis zu seinem Geburtstag muss er noch 20-mal schlafen. Stimmt das?

c) Johannes hat am 4. Mai Geburtstag. Welcher Wochentag ist das?

d) Schreibe für jeden Montag im April das Datum auf. Was fällt auf? Wie ist das bei den Freitagen? Vergleiche mit dem Kalender für dieses Jahr.

> Haben wir im April mehr Schultage oder mehr freie Tage?

7 Das Datum kann man verschieden aufschreiben:

27. April 2009

27.04.2009

Oder kurz: 27.4.

27.04.09

a) Schreibe das heutige Datum auf verschiedene Weise.

b) Schreibe das Datum von gestern, vorgestern, morgen und übermorgen.

St. Martin

Welt-kindertag

1. Juli

1 Die Kinder in der Klasse spannen an der Zeitleiste Wollfäden für ihr Alter.
Die Zeitleiste von Leons Gruppe sieht so aus:

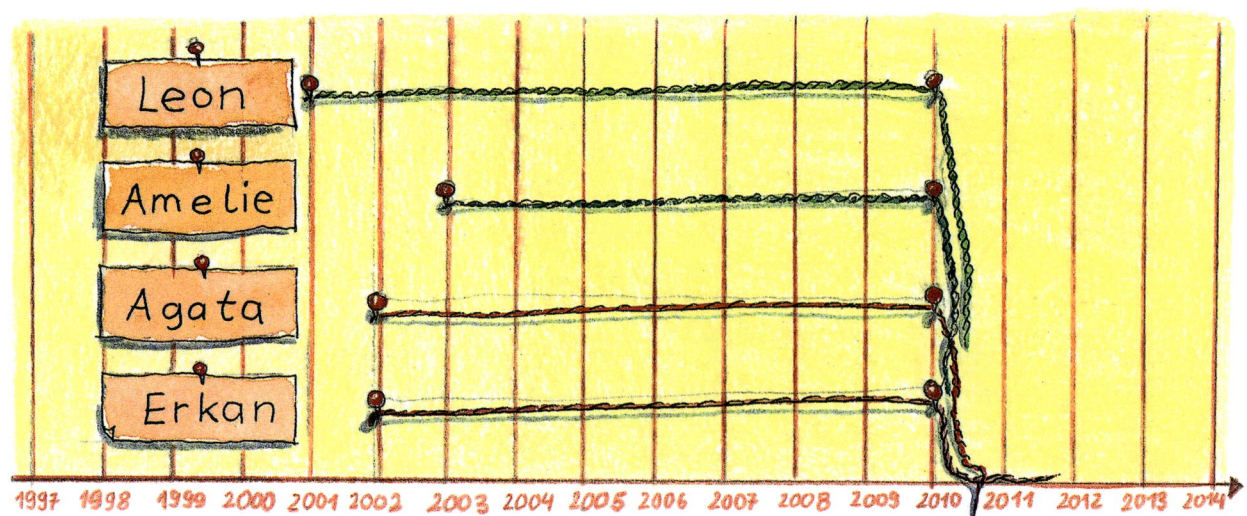

a) Wann sind die Kinder geboren?
b) Wie alt werden die Kinder im Jahr 2010, 2011, …?
c) Wie alt waren die Kinder 2005?
d) Wie alt sind die Kinder heute, in 2 Jahren, in … ?
e) Wie ist das in eurer Klasse?

2 Jünger als – älter als

a) Um wie viele Jahre ist Leon älter als Agata?

b) Welche Kinder sind gleich alt?

c) Welches ist das jüngste, welches das älteste Kind?

d) Um wie viele Jahre ist Amelie jünger als Leon?

e) Um wie viele Jahre …?

f) …?

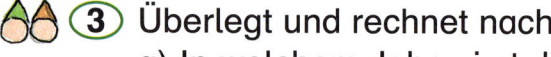

3 Überlegt und rechnet nach.
a) In welchem Jahr wirst du 10, 12, … Jahre alt?
b) In welchem Jahr wirst du mit der Grundschule fertig?
c) In welchem Jahr wirst du 18 Jahre alt
und darfst Auto fahren?
d) In welchem Jahr …?

10 Jahre: 2012
12 Jahre:

(4) Vergangenheit – Gegenwart – Zukunft
Zeichne die Tabelle für Agatas Familie
in dein Heft und fülle sie aus.

> Papa ist 37, Mama ist 35,
> Opa ist 63, Paul ist 4 Jahre
> alt und ich bin 8.

Agata

	vor 5 Jahren	vor 2 Jahren	heute	in 5 Jahren	in 10 Jahren
Papa			37		
Agata					
Paul					
Mama					
Opa					

a) Um wie viele Jahre ist Agata heute älter als Paul? Wie ist das in 10 Jahren?
b) Um wie viele Jahre ist Agata jünger als Mama?
c) Wie alt sind Mama und Papa, wenn sie zusammen 100 Jahre alt sind?
d) Überlege dir weitere Fragen.

(5) Erstelle eine Tabelle für deine Familie.

(6) Rätsel:

a) *Hans ist 37 Jahre alt. Seine Mutter ist doppelt so alt wie er. Wie alt ist sie?*

b) *Paolo ist 7 Jahre jünger als sein Bruder Mario. Mario ist 18 Jahre alt. Wie alt ist Paolo?*

c) *Max ist 15 Jahre älter als seine Schwester Susi. Max ist 24 Jahre alt. Wie alt ist Susi?*

d) *Andrea ist 12 Jahre alt und halb so alt wie ihre Cousine Tamara. Wie alt ist Tamara?*

e) *Tom ist 6 Jahre alt. Sein Bruder Stefan ist doppelt so alt. Seine Schwester Eva ist 4 Jahre jünger als Stefan. Wie alt sind Stefan und Eva?*

f) *Anton ist 16 Jahre alt. Sabine ist 4 Jahre älter als Anton. Mona ist halb so alt wie Sabine. Wie alt ist Mona?*

 Überlegt euch selbst Rätsel und schreibt sie auf Karteikarten.
Auf die Rückseite kommt die Lösung.

(7) Was ist hier los?
a) In der Klasse 2a sind 12 Kinder 8 Jahre und 13 Kinder 7 Jahre alt.
   Wie alt ist die Lehrerin?
b) Ein Hundezüchter hat 5 Schäferhunde und 11 Pudeljunge.
   Wie alt ist ein Schäferhund?

Verändere die Fragen so, dass du etwas rechnen kannst.

Diese Körperformen findest du in vielen Baukästen.

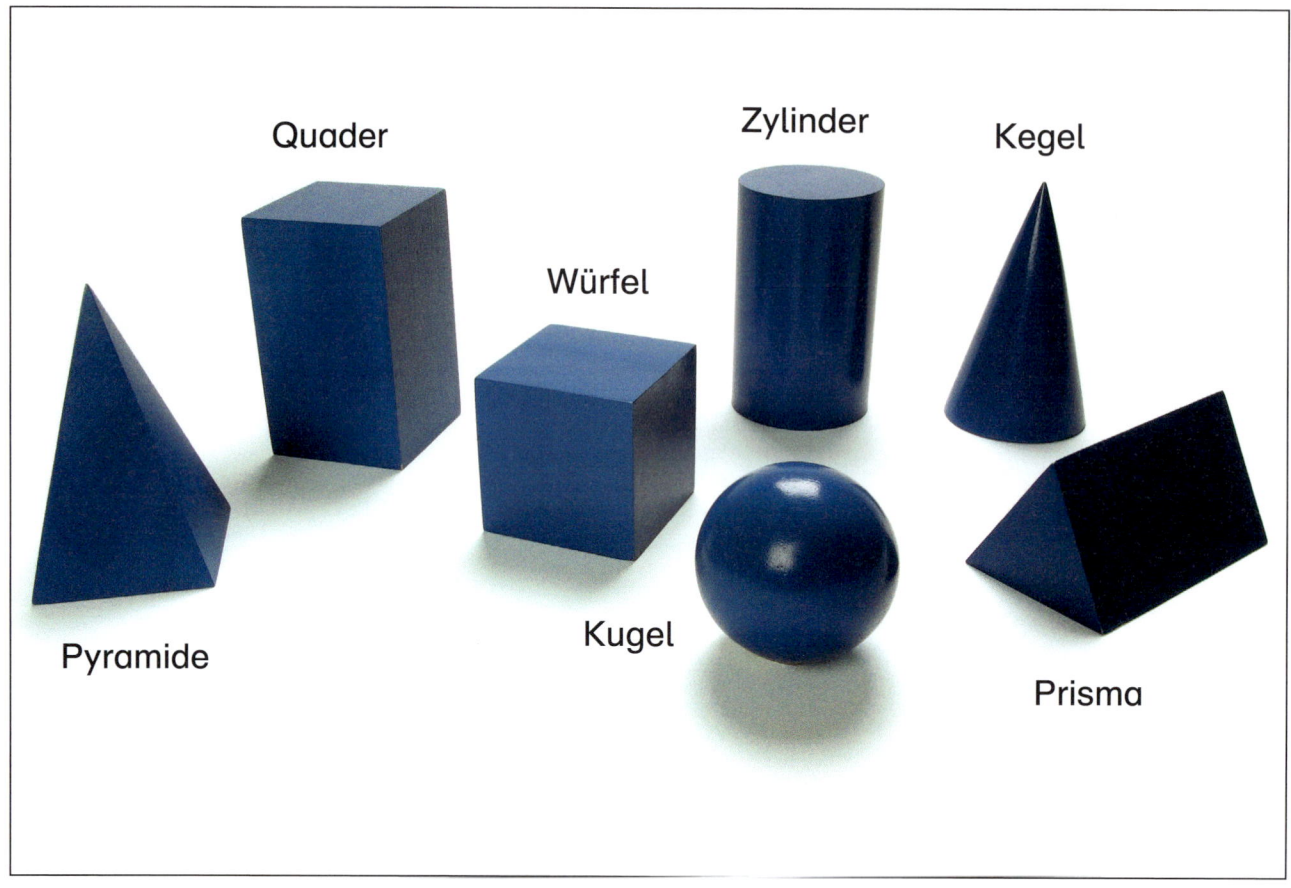

1. Welche Körperformen kannst du hier entdecken?
   Baue nach und beschreibe.

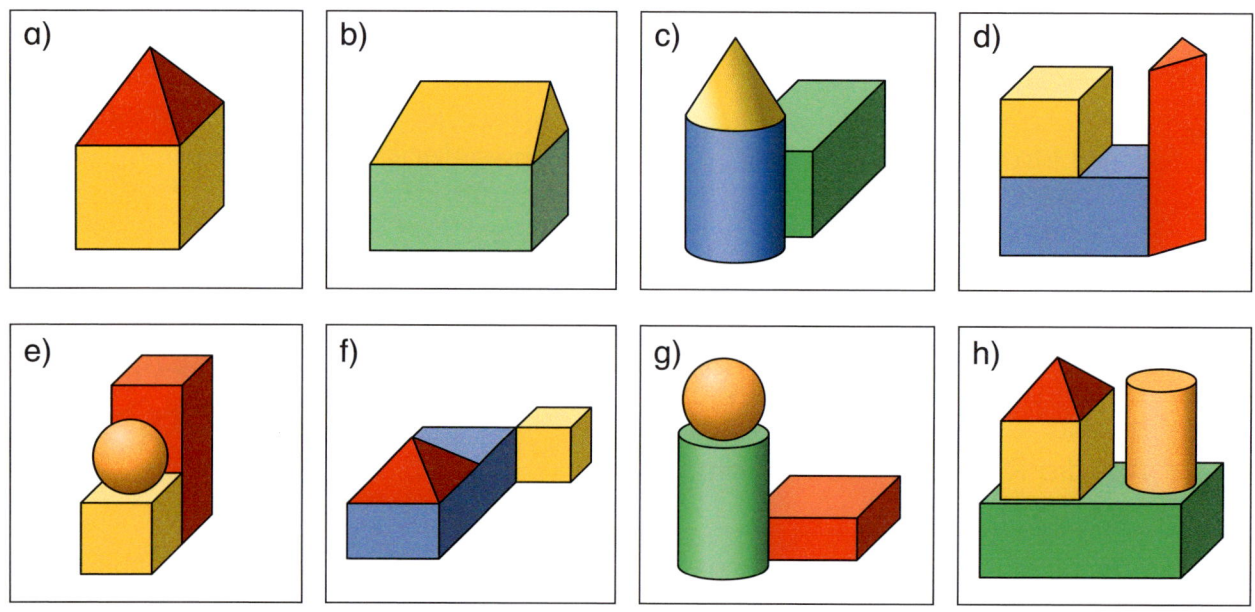

2. Baue mit verschiedenen Körperformen neue Bauwerke.

3. Zeichne dein Lieblingsbauwerk oder fotografiere es für dein Geoheft.
   Erfinde einen Namen dafür.

④ Ordne die abgebildeten Körper.

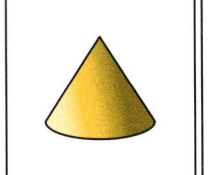  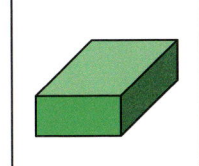  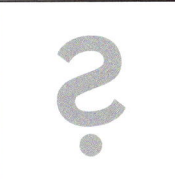 

mit Spitze   ohne Spitze   gerade   rund

Du kannst auch so ordnen:

kann kippen   kann rollen   kann rollen und kippen

Wie ordnest du am liebsten? Zeichne in dein Heft.

⑤ Was sind Ecken, Kanten und Flächen?

Zeige an den Körpern Ecken, Kanten und Flächen.
Zeige es auch an anderen Gegenständen.

Kante

Ecke

Fläche

⑥ Welcher Körper ist es?

a) Alle Flächen sind
gleich. Er hat Ecken.

b) Er fühlt sich wie
ein Ball an.

c) Er hat weder Ecken
noch Kanten.

d) Er hat die Form
einer Dose.

e) Alle Flächen sind
quadratisch.

f) Man kann ihn kippen.
Er hat Ecken und Kanten.
Zwei Flächen sind gleich
große Dreiecke.

g) Er hat Kanten.
Er hat Ecken und er
hat auch eine Spitze.

Ich fühle eine Spitze
und einen Kreis.

 ⑦ Spielt Körperraten.
Ein Kind tastet einen Körper ab und nennt
Einzelheiten. Die anderen Kinder raten.

⑧ Steckbriefe: Welches Bauwerk aus Aufgabe ① ist es?

a)

Ein Körper mit gleichen
Flächen, darauf steht ein
Körper mit einer Spitze.

Drei verschiedene Körper,
2 davon kann man rollen,
einer hat eine Spitze.

Ein Bauwerk mit 3
Körpern: Quader,
Würfel, Pyramide.

b) Schreibe selbst zu einem Bauwerk einen Steckbrief.

Würfel, Quader und Kugel

aus Knetmasse	aus Stäben und Knetmasse	aus Würfeln

1 Stelle selbst einen Quader, einen Würfel und eine Kugel her.
   a) Welches Material verwendest du? Begründe.
   b) Baue auch andere Körper.

2 Vergleiche deine Körper mit den Körpern deines Nachbarn.

3 Quader oder Würfel?

a) 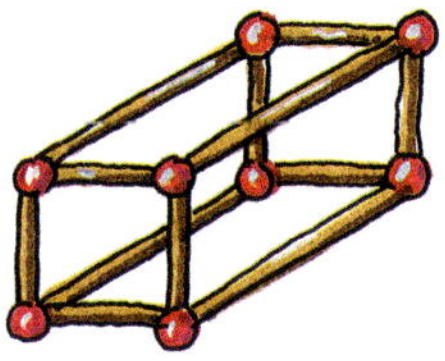   b) 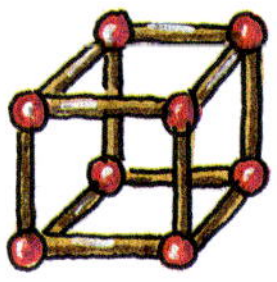   c) 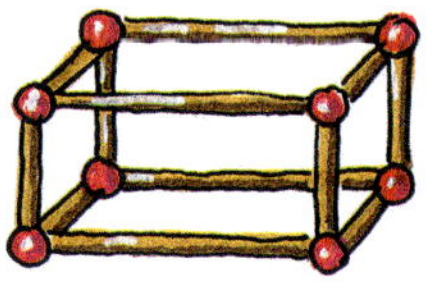   d)

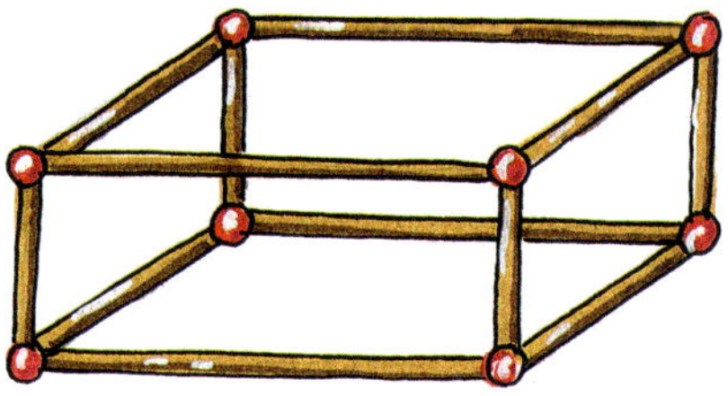

e) 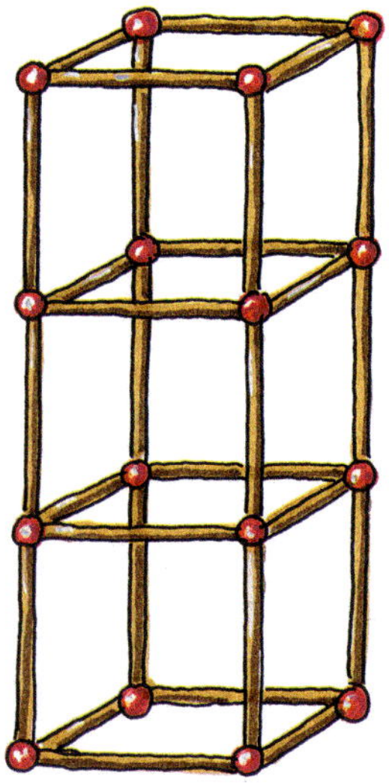   f) 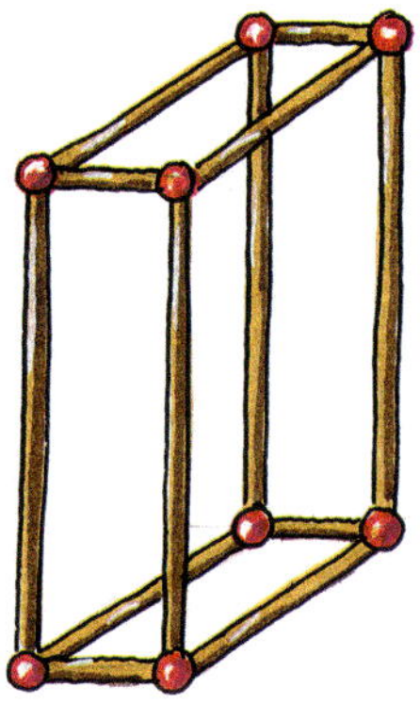   g)

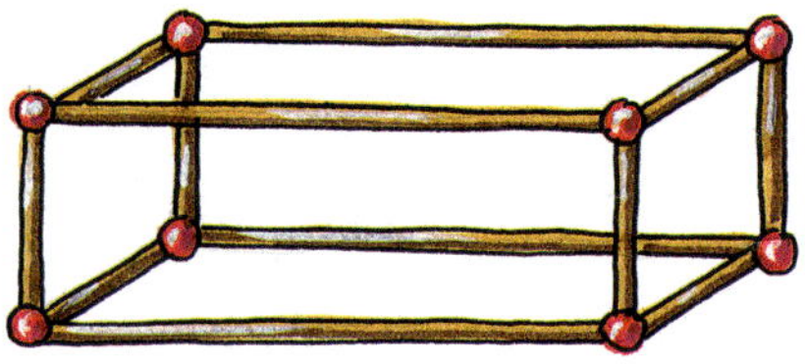

4 Welche Körper beschreibt Eulalia?
   Kannst du Simsala helfen?

5 Steckbriefe

Ecken: 8 Kanten: 12	Ecken: ? Kanten: ?	Ecken: 0 Kanten: 0
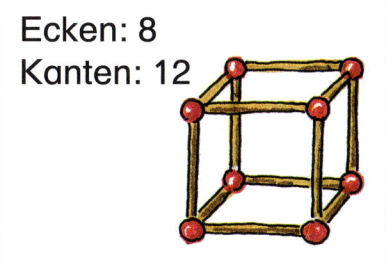	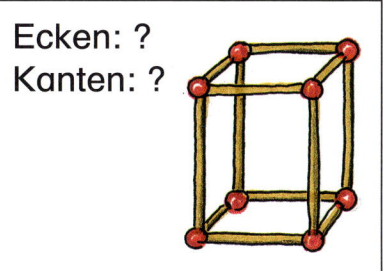	

a) Übertrage die Steckbriefe in dein Heft.
b) Vergleiche: Was ist gleich? Was ist verschieden?

6 Spuren im Sand
Jede Fläche wurde nur einmal in den Sand gedrückt.

a) Welche Körper passen zu diesen Spuren?
b) Drücke deine Körper in Sand. Welche Flächen erkennst du?

c) Welche Flächen fehlen hier?

7 Ecken, Kanten und Flächen zählen

Kante
Ecke
Fläche

Körper:	Ecke(n)	Kante(n)	Fläche(n)
Quader	8	12	6
Würfel	▪	▪	
Kugel	▪	▪	▪
?	▪	▪	▪

1 Welche Körperformen kannst du hier entdecken? Beschreibe. Schreibe so in dein Heft:

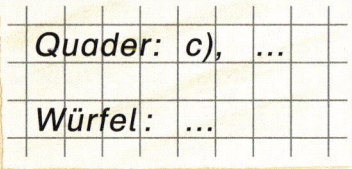

Quader: | *c),* | ... |
Würfel: | ... |

 2 Bringt Dinge für eine Ausstellung mit und ordnet sie so:

3 Welche Gegenstände aus Aufgabe **1** lassen sich nicht einordnen? Warum?

4 Welche Körperform findest du am häufigsten im Alltag? Warum ist das so?
Weshalb sind manche Dinge kugelförmig, quaderförmig, ...?

 5 Was wäre, wenn ...?

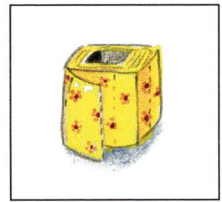    

Male „Was-wäre-wenn-Dinge". Klebe sie in dein Heft.

6 Diese Roboter haben Kinder aus Verpackungen und anderen Pappgegenständen gebaut.

a) Welche Körperformen entdeckst du? Erzähle.
b) Jedes Rätsel passt zu einem Roboter. Ordne zu.

Ich habe einen würfelförmigen Kopf mit Kugelohren. Mein Bauch ist eine Kugel.

Mein Kopf hat eine Würfelnase. Mein Körper ist auch ein Würfel.

Ich habe einen Würfelkopf mit Spiralantennen. Mein Körper ist ein Quader mit vielen Knöpfen zum An- und Ausschalten.

7 Baue selbst einen Roboter oder eine andere Fantasiefigur. Schreibe ein Rätsel dazu.

8 Fantasie und Fantadu – schließe beide Augen zu. Stell' dir mal vor, du bist deine Fantasiefigur …

Wie siehst du aus?

Wie heißt du?   Was magst du?

Was kannst du besonders gut?   ?

Hallo, mein Name ist Robbi. Ich trinke viel Olivenöl. Wenn es regnet, muss ich im Haus bleiben, weil ich sonst roste …

a) Zeichne deine Figur auf unlineriertes Papier und klebe es in dein Geoheft.
b) Schreibe eine kleine Geschichte dazu.

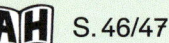

1 Was kannst du auf den Münzen und Scheinen erkennen?
Welche Scheine hattest du noch nie in der Hand?
Mit einem 500-€-Schein bezahlt man selten.
Warum ist das wohl so?

2 Geldbeträge schnell gezählt

Mehr Infos zum Euro findest du im Internet:
www.blinde-kuh.de
www.kindernet.de.

Lege das Geld nach. Sortiere so, dass du schnell zählen kannst.

a)

b)

c)

d)
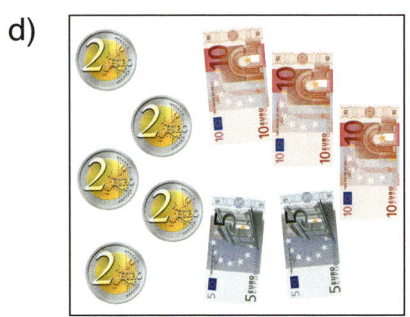

e)
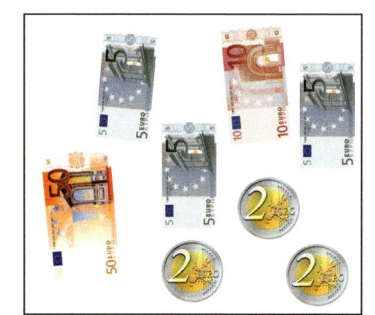

f)
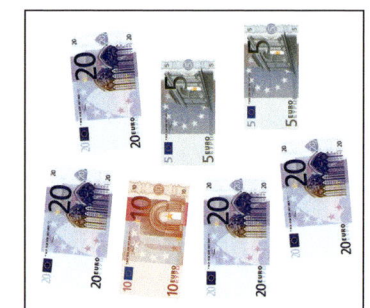

 3 Lege einen Geldbetrag. Dein Partner sortiert und zählt.

4 Lege mit möglichst wenigen Münzen und Scheinen. Zeichne.

a) 17 ct, 32 ct, 23 ct, 74 ct, 26 ct, 48 ct

b) 72 €, 88 €, 23 €, 59 €, 47 €, 71 €

c) 26 € und 26 ct, 49 € und 89 ct
52 € und 33 ct, 98 € und 15 ct
19 € und 99 ct, 34 € und 67 ct

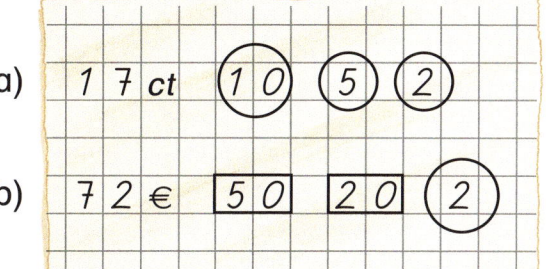

5 Ergänze auf 1€. Zeichne die fehlenden Münzen.

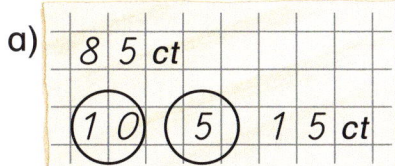

b) 63 ct   c) 27 ct   d) 45 ct

e) 97 ct   f) 36 ct   g) 12 ct

h) 51 ct   i) 74 ct   j)   1 ct

6 Ergänze. Zeichne die fehlenden Münzen und Scheine.

a)    b) 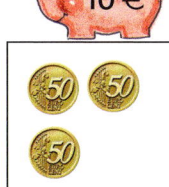   c) 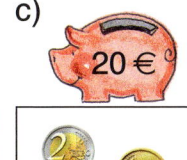   d) 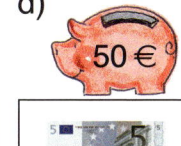   e)    f)

7 a) Lege und zeichne den größten und kleinsten Betrag, der mit 2 Münzen möglich ist.
b) Lege jede Münze einmal. Wie viel Geld hast du insgesamt?
c) Lege und zeichne den größten und kleinsten Betrag, der mit 2 Scheinen möglich ist.
d) Lege jeden Schein einmal. Wie viel Geld hast du insgesamt?

AH S. 48

(1) Was würdest du dir wünschen, wenn du in einem Kaufhaus einen Wunsch frei hättest?
Schätze den Preis. Forsche nach.

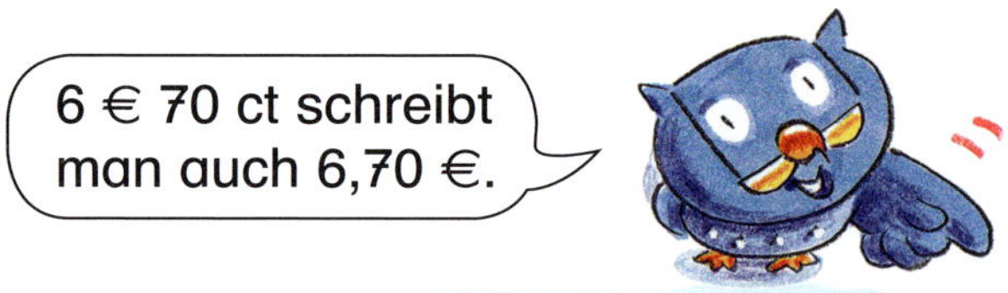

6 € 70 ct schreibt man auch 6,70 €.

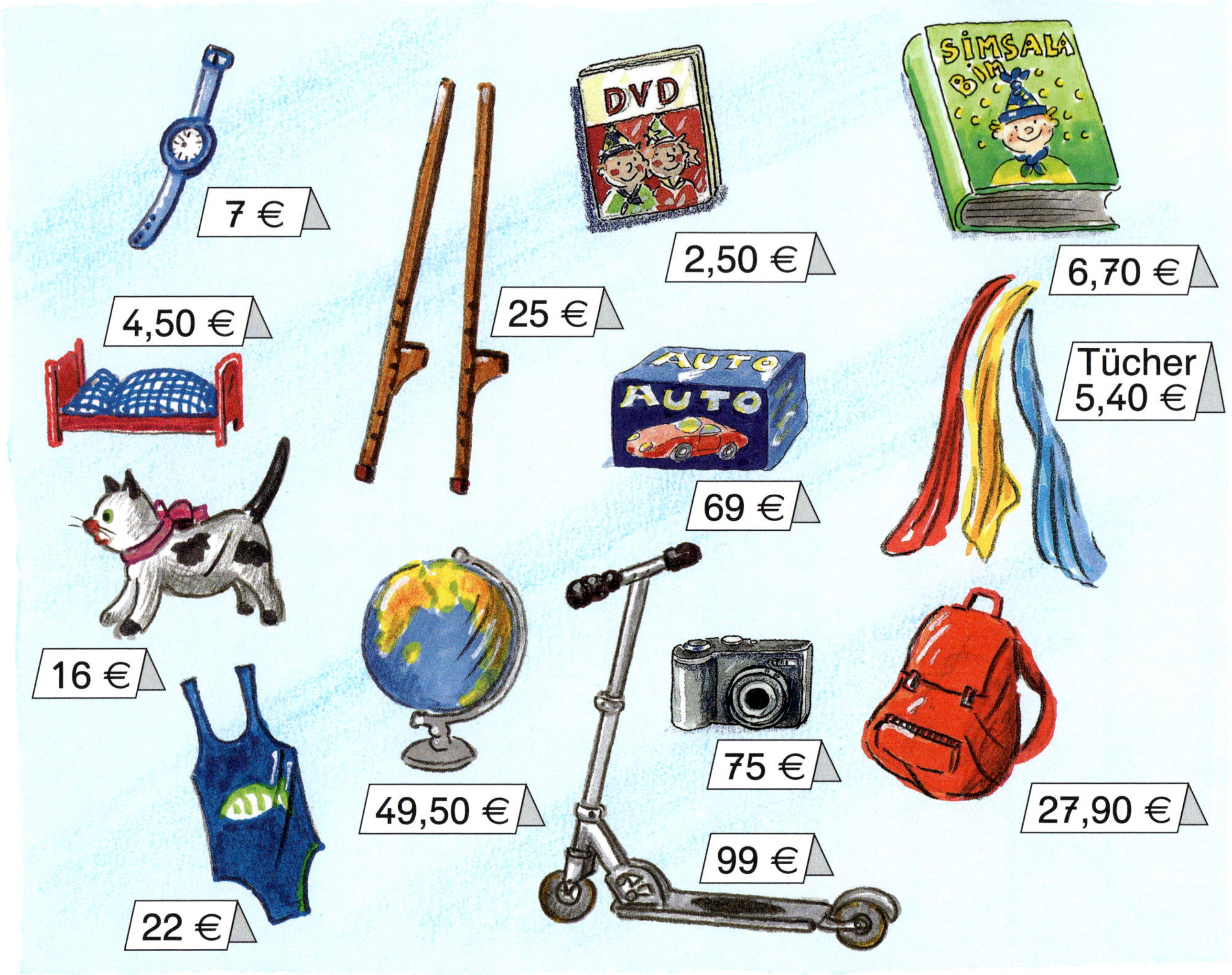

7 €
DVD
2,50 €
SIMSALA BIM
6,70 €
4,50 €
25 €
AUTO
AUTO
69 €
Tücher 5,40 €
16 €
49,50 €
75 €
27,90 €
99 €
22 €

(2) Mit welchen Scheinen und Münzen kannst du bezahlen?
Lege und zeichne ins Heft. Finde zwei Möglichkeiten für einen Preis.

Bett	4,50 €	(2) (2) (50)	(2) (1) (1) (10) (20) (20)
Buch	6,70 €		
Kamera	75 €		

Bezahle jetzt: …

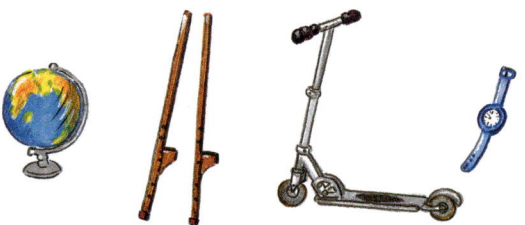

3 Wie viel Geld bleibt übrig?

	gespartes Geld	Wunsch
Amelie		
Clara		
Ayse		

	gespartes Geld	Wunsch
Leon		
Stefan		
Maxi		

Amelie	3 0 € – 1 6 € =	
oder	1 6 € +	= 3 0 €

Du kannst auch Rechengeschichten für die Sachrechen-kartei aufschreiben!

4 Wieviel Geld fehlt noch?

	gespartes Geld	Wunsch
Franz		
Paul		
Anika		

	gespartes Geld	Wunsch
Anna		
Uli		
Erkan		

Franz:	2 1 € +	€ = 2 5 €	oder	2 5 € – 2 1 € =	€

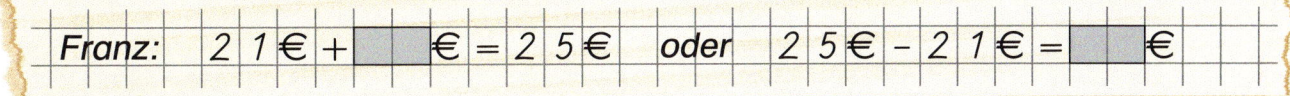

5 Mutter kauft die Jongliertücher.
Sie legt der Verkäuferin hin. Überlege, warum?

6 Leon kauft die Uhr und bezahlt mit .
Der Verkäufer fragt ihn: „Hättest du vielleicht 2 € ?" Überlege, warum?

7 Erstellt selbst ein Plakat mit euren Wünschen.
Erfindet Aufgaben dazu.

AH S. 49

① Preise auf verschiedene Arten aufgeschrieben.
Ordne die passenden Sprechblasen dazu.

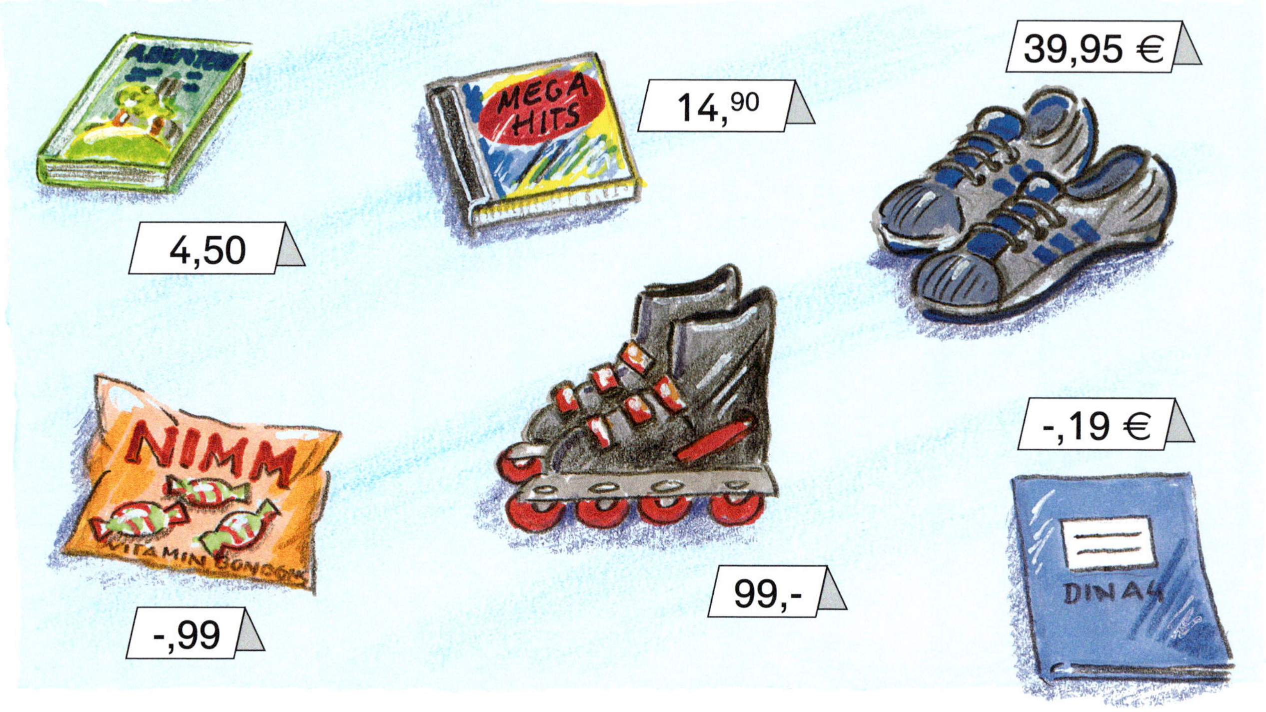
14,90
39,95 €
4,50
-,19 €
99,-
-,99

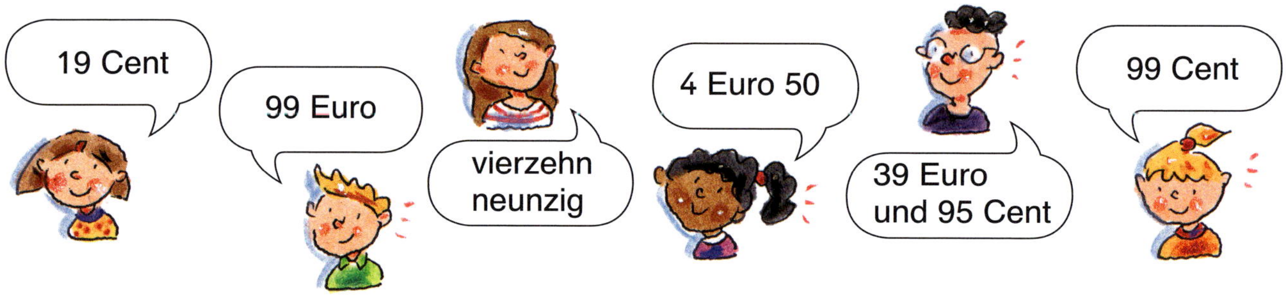
19 Cent
99 Euro
vierzehn neunzig
4 Euro 50
39 Euro und 95 Cent
99 Cent

② Lege die Geldbeträge in die Schachtel und trage sie in die Tabelle ein.

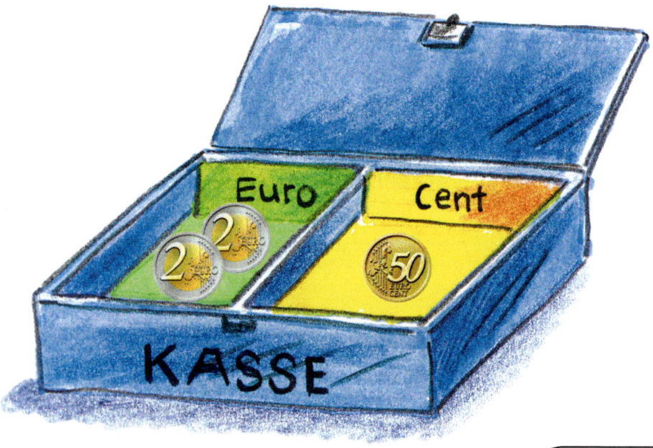
Euro
Cent
KASSE

Euro		Cent		
Z	E	Z	E	
	4	5	0	4,50 €

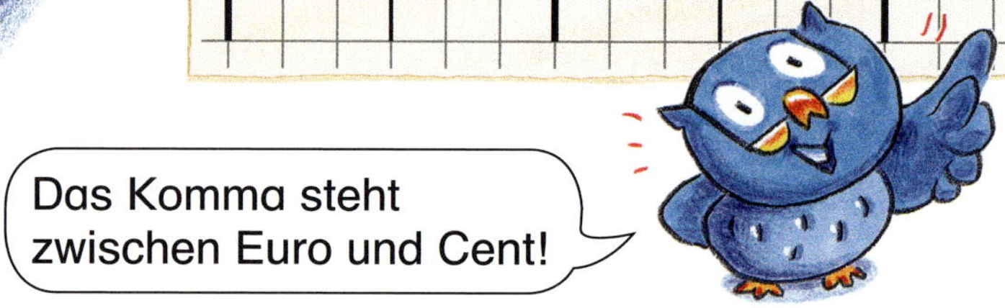
Das Komma steht zwischen Euro und Cent!

③ Trage auch diese Preise in die Tabelle ein und schreibe mit Komma.

a) 22 € 22 ct 7 € 12 ct 90 € 9 ct 4 € 20 ct 74 € 47 ct 1 € 10 €

b) 1 ct 10 ct 1 € 10 € 5 ct 60 ct 3 € 70 €

(4) Wie viel Geld ist es?
Schreibe mit Komma.

a)

b)

c)

d)

e)

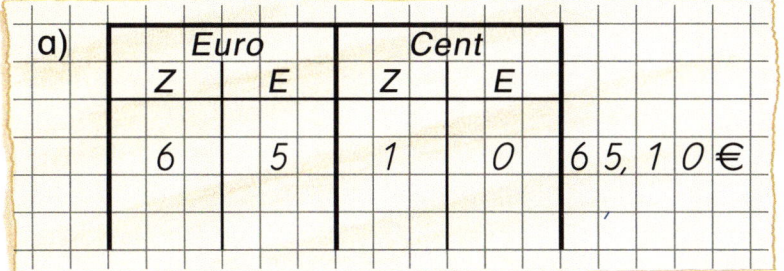

a)	Euro		Cent				
	Z	E	Z	E			
	6	5	1	0	6	5, 1	0 €

f)

g)

(5) Schreibe in € und ct.    $34,07 € = 34 € \quad 7 \, ct$

a) 34,07 €	b) 11,99 €	c) 100,00 €	d) 3,40 €
10,50 €	99,99 €	0,25 €	30,40 €
32,27 €	15,30 €	3,50 €	3,04 €
0,65 €	7,04 €	0,60 €	34,04 €

Achte auf die Nullen!

(6) <, > oder =?

a) 3,55 € ⬤ 30,55 €   b) 50,70 € ⬤ 70,50 €   c) 9,09 € ⬤ 99 ct

   1,40 € ⬤ 1,04 €   0,10 € ⬤ 1,00 €   0,50 € ⬤ 5 ct

   7,13 € ⬤ 71,30 €   0,97 € ⬤ 9,70 €   3,02 € ⬤ 32 ct

(7) Achtung: ähnliche Preise! Ordne der Größe nach.

a) 3,45 €   4,35 €   4,53 €   3,54 €   b) 5,04 €   50,04 €   5,40 €   50,40 €

c) 9,09 €   9,99 €   0,09 €   0,99 €   d) 66 ct   66,00 €   6,06 €   0,60 €

 (8) a) Du kaufst die Turnschuhe aus Aufgabe **(1)** und bezahlst mit einem
     100 €-Schein. Wie viel Geld bekommst du zurück?
  b) Du hast 50 €. Du kaufst eine CD. Wie viel Geld bekommst du zurück?
  c) Oma schenkt dir 20 €. Du kaufst Bonbons und ein Buch.
     Wie viel Geld bleibt übrig?
  d) Du kaufst … und bezahlst mit einem 100 €-Schein.
     Wie viel Geld bekommst du zurück?

① Zwei Tage später: Welches Datum ist dann? Schreibe auf.

a)
November
30
Montag
Monday

b)
August
29
Mittwoch
Wednesday

c)
Dezember
4
Samstag
Saturday

d)
Dezember
31
Dienstag
Tuesday

② Eine Woche später: Welches Datum ist dann? Schreibe auf.

a)
März
17
Freitag
Friday

b)
März
30
Sonntag
Sunday

c)
April
29
Dienstag
Tuesday

d)
Mai
15
Donnerstag
Thursday

③ Rätsel

Annika ist 9 Jahre alt. Ihre Cousine ist doppelt so alt wie sie. Wie alt ist ihre Cousine?

Paul ist 8 Jahre älter als seine Schwester Eva. Eva ist 5 Jahre alt. Wie alt ist Paul?

Sara ist 18 Jahre alt. Leon ist 10 Jahre jünger als Sara. Max ist doppelt so alt wie Leon. Wie alt ist Max?

④ Welche Bauwerke passen zu diesen Abdrücken?

a    b 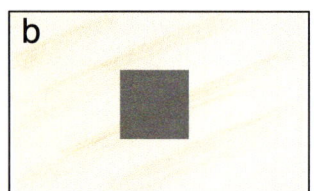   c    d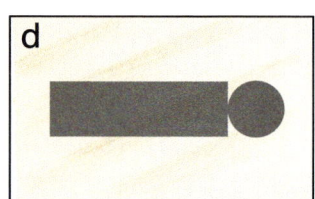

A 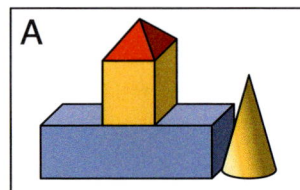   B 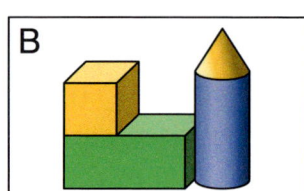   C 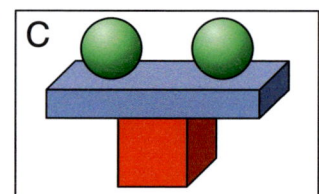   D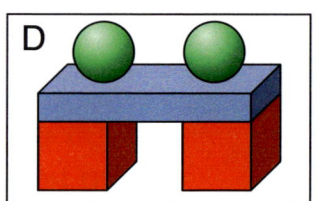

5 Ergänze. Zeichne die fehlenden Münzen und Scheine.

a) 10 €
b) 10 €
c) 50 €
d) 100 €
e) 100 €

6 Wie viel fehlt?

a) 57 € + ☐ € = 100 €
8 € + ☐ € = 100 €
☐ € + 25 € = 100 €

b) 3, 50 € + ☐ € = 10 €
7, 50 € + ☐ € = 10 €
☐ € + 1 € = 10 €

c) 85 ct + ☐ ct = 1 €
13 ct + ☐ ct = 1 €
☐ ct + 51 ct = 1 €

7 Rechengeschichten lösen

a) Johannes kauft ein Flugzeug für 19 € und Batterien für 5 €.
Wie viel muss er bezahlen?

b) Stefan kauft eine DVD für 12 €.
Er bezahlt mit einem 50 €-Schein. Wie viel Geld bekommt er zurück?

c) Katrin kauft sich eine Kette für 18 € und eine Uhr.
Beides zusammen kostet 39 €. Wie teuer ist die Uhr?

8

Preis	gegeben	Rückgeld
49 €	100	☐
22 €	50	☐
☐	50	13 €
78 €	?	22 €

9 Vergleiche > < =

34 ct ◯ 3,40 €
2,60 € ◯ 2,06 €
9,15 € ◯ 91,50 €
0,43 € ◯ 43 ct
0,70 € ◯ 7 €
40,20 € ◯ 20,40 €

1 Erzählt zu den Bildern. Was passiert?

a)

1-mal

2-mal

3-mal

4-mal

2 + 2 + 2 + 2 = ☐

4-mal 2 Flaschen

4 · 2 = ☐

Wie heißen hier die Rechnungen?

b)

1-mal

2-mal

3-mal

2 Spielt diese Geschichten. Schreibt die Plusaufgaben und Malaufgaben dazu.

Bim geht 3-mal zum Apfelbaum. Er holt jedes Mal 4 Äpfel. Wie viele Äpfel sind das insgesamt?

Eulalia fliegt 5-mal in den Wald. Sie holt jedes Mal 3 Pilze. Wie viele Pilze sind das insgesamt?

Simsala geht 6-mal in den Garten. Sie bringt jedes Mal 5 Zauberwurzeln mit. Wie viele Zauberwurzeln sind das insgesamt?

3 Wie heißen die Malaufgaben? Schreibe ins Heft und rechne.

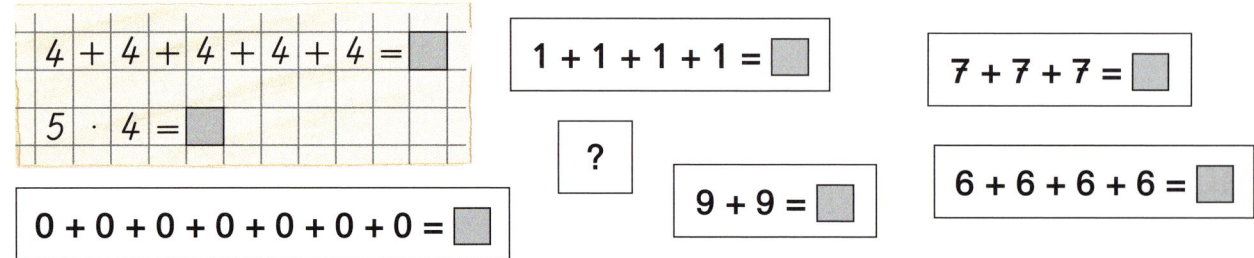

4 + 4 + 4 + 4 + 4 = ☐

5 · 4 = ☐

1 + 1 + 1 + 1 = ☐

?

9 + 9 = ☐

7 + 7 + 7 = ☐

6 + 6 + 6 + 6 = ☐

0 + 0 + 0 + 0 + 0 + 0 + 0 = ☐

4 Mit der Mal-Brille unterwegs. Schreibe Plus- und Malaufgaben auf.
Rechne.

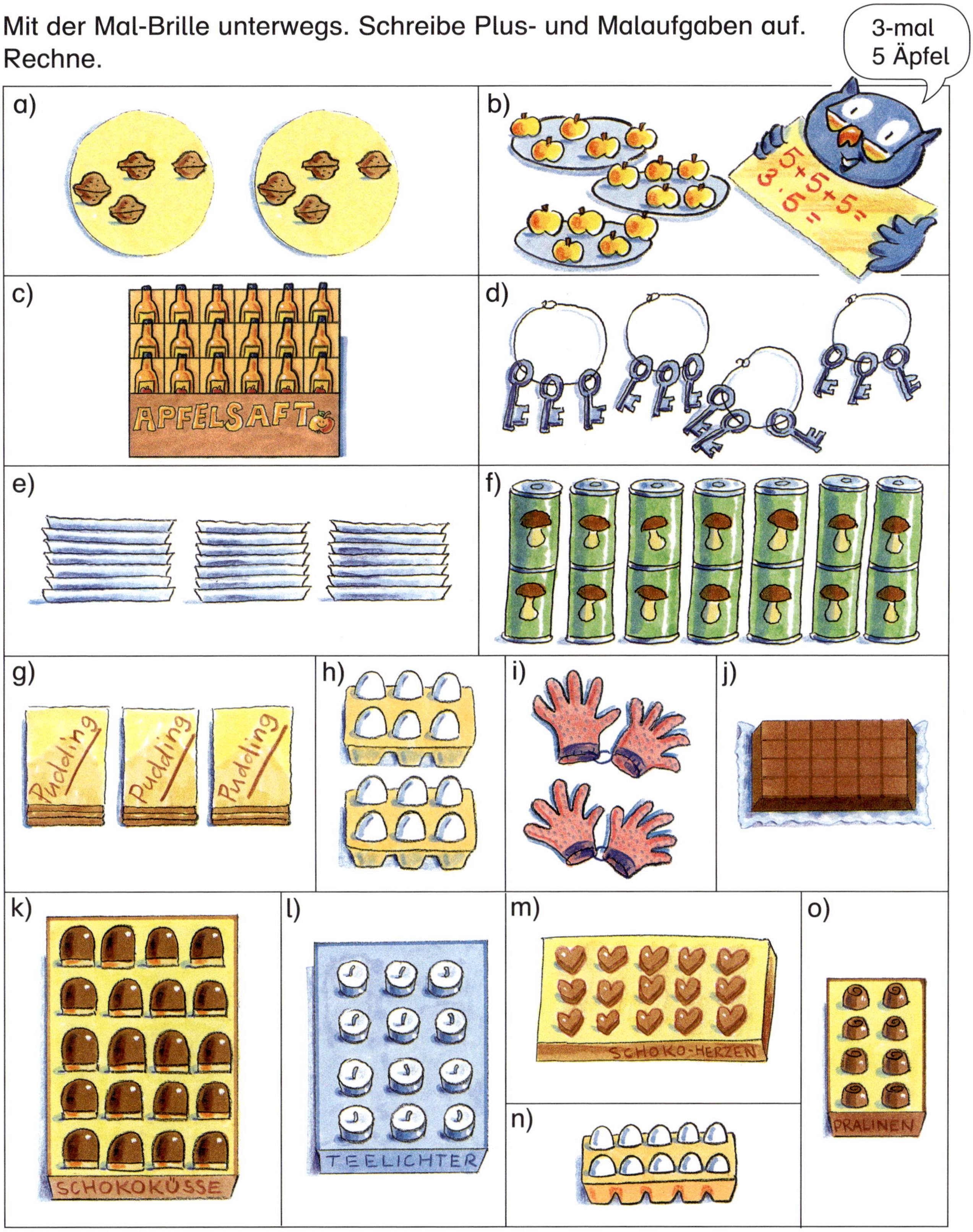

3-mal 5 Äpfel

a)

b)

5 + 5 + 5 =
3 · 5 =

c)

APFELSAFT

d)

e)

f)

g)

Pudding Pudding Pudding

h)

i)

j)

k)

SCHOKOKÜSSE

l)

TEELICHTER

m)

SCHOKO-HERZEN

n)

o)

PRALINEN

5 Wo findest du Malaufgaben im Klassenzimmer, zu Hause, im Supermarkt?

6 Gestaltet eine Malaufgaben-
Ausstellung für euer
Klassenzimmer.

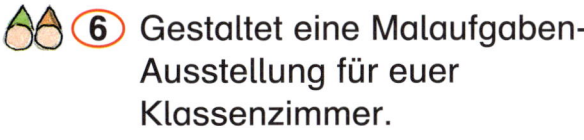

ZWERGI

2 · 2

2 · 3

KAFFEESAHNE

2 · 5

1 a) Welche Malaufgabe ist hier dargestellt?

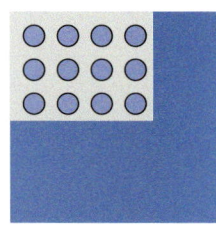

b) Zeige auf dem Hunderterfeld folgende Malaufgaben und rechne sie aus.

4 · 3	2 · 4	3 · 5	2 · 7
6 · 4	1 · 7	3 · 6	
9 · 2	6 · 8	4 · 9	

c) Arbeite mit deinem Partner zusammen. Einer nennt eine Malaufgabe, das andere Kind zeigt sie auf dem Hunderterfeld.

5 + 5 + 5 = ☐

3 + 3 + 3 + 3 + 3 = ☐

3 · 5 =

5 · 3 =

d) Wer hat Recht? Simsala oder Bim? Vergleicht die Aufgaben.
3 · 5 und 5 · 3 sind Tauschaufgaben. Begründe den Namen.

2 Welche Aufgaben passen zu den Bildern? Schreibe auf.

a)    b)   c)   d)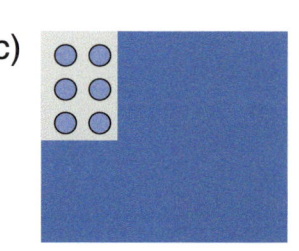

2 · 5 =
5 · 2 =

2 · 5	5 · 2	2 · 3	4 · 5
3 · 6	5 · 4	6 · 3	3 · 2

3 Schreibe Aufgabe und Tauschaufgabe auf.

a) 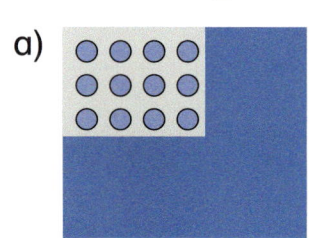   b) 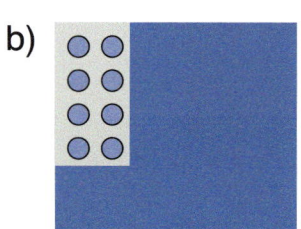   c) 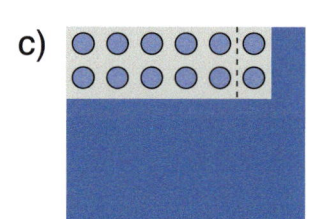   d)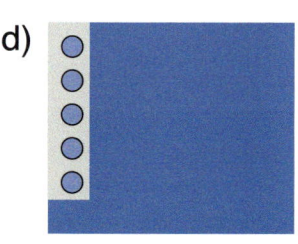

4 Besondere Malaufgaben: Zeichne und rechne.

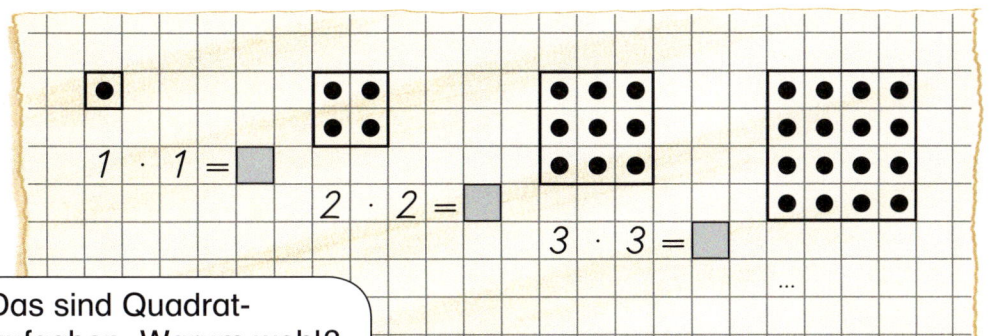

$1 \cdot 1 = \square$

$2 \cdot 2 = \square$

$3 \cdot 3 = \square$

...

Das sind Quadrat-
aufgaben. Warum wohl?

Wie geht es
wohl weiter?

5 Von einer Quadrataufgabe zur nächsten:
Zeichne und rechne.

a) Aus $1 \cdot 1$ mach $2 \cdot 2$. Wie viele Punkte kommen dazu?

b) Aus $2 \cdot 2$ mach $3 \cdot 3$. Wie viele Punkte kommen dazu?

Wie geht es weiter? Erkennst du eine Regel?

6 Welche Quadrataufgabe gehört zu welchem Ergebnis? Schreibe auf.
Wie kommst du schnell zum Ziel?

| $1 \cdot 1$ | $3 \cdot 3$ | $5 \cdot 5$ | $2 \cdot 2$ | $4 \cdot 4$ | $9 \cdot 9$ | $6 \cdot 6$ | $8 \cdot 8$ | $7 \cdot 7$ | $10 \cdot 10$ |

4   9   16   25   36   81   64   49   100   1

Lerne die
Quadrat-
aufgaben
auswendig.

7 Welche Aufgaben sind Quadrataufgaben?
Schreibe nur die Quadrataufgaben auf.

a) $9 = \square \cdot 3$ b) $8 = \square \cdot 2$ c) $16 = 4 \cdot \square$ d) $100 = \square \cdot 10$

e) $12 = \square \cdot 2$ f) $25 = 5 \cdot \square$ g) $20 = \square \cdot 4$ h) $6 = 2 \cdot \square$

8 Schreibe jede Quadrataufgabe mit Lösung
auf ein Kärtchen.

$7 \cdot 7$

vorne

Das kann
ich schon

Das muss
ich noch
üben

49

hinten

1 So entstehen am Hunderterfeld Nachbaraufgaben. Schreibe auf.

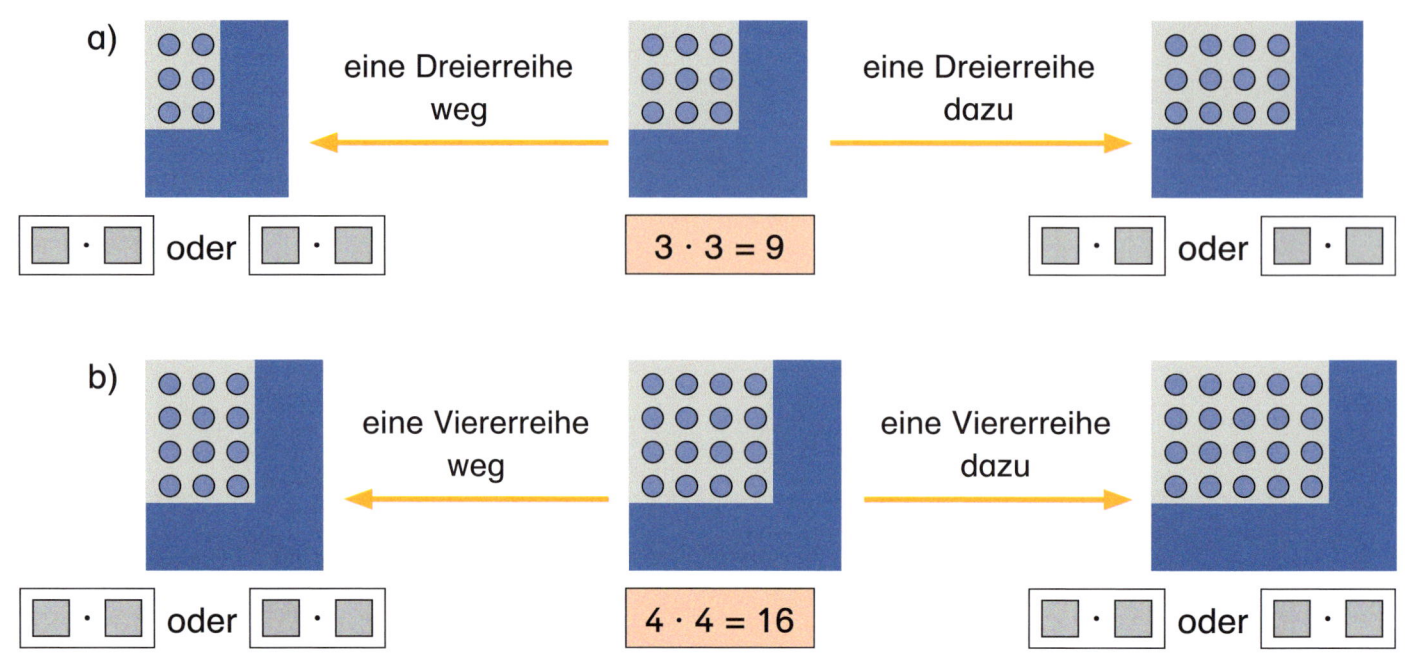

a)

eine Dreierreihe weg ← → eine Dreierreihe dazu

☐ · ☐ oder ☐ · ☐   3 · 3 = 9   ☐ · ☐ oder ☐ · ☐

b)

eine Viererreihe weg ← → eine Viererreihe dazu

☐ · ☐ oder ☐ · ☐   4 · 4 = 16   ☐ · ☐ oder ☐ · ☐

2 Verändere Quadrataufgaben am Hunderterfeld.
Schreibe auf und rechne.

1 Reihe weg,
1 Reihe dazu,
so entstehen
Nachbaraufgaben.

1 · 2	4 · 5	5 · 6	7 · 8	...	...	...
2 · 2	5 · 5	6 · 6	8 · 8	7 · 7	9 · 9	10·10
3 · 2	6 · 5	7 · 6	9 · 8	...	...	...

3 Welche Quadrataufgabe hilft? Zeige am Hunderterfeld.
Schreibe Aufgabe und Quadrataufgabe auf.

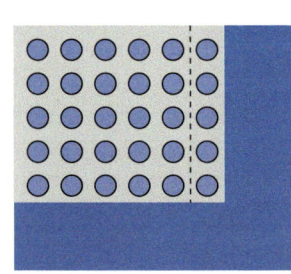

6 · 5 = ☐

5 · 5 = 25
also ist
6 · 5 = ...

a) 6 · 5 = ☐   8 · 7 = ☐   9 · 8 = ☐   3 · 2 = ☐   10 · 9 = ☐
    5 · 5 = ☐   7 · 7 = ☐   8 · 8 = ☐   2 · 2 = ☐   9 · 9 = ☐

b) 9 · 10 = ☐   6 · 7 = ☐   4 · 5 = ☐   3 · 4 = ☐   7 · 8 = ☐
    9 · 9 = ☐   6 · 6 = ☐   4 · 4 = ☐   3 · 3 = ☐   7 · 7 = ☐

4 Was fällt dir auf? Erkläre.

·	1	2	3	4	5	6	7	8	9	10
1	1 · 1	1 · 2	1 · 3	1 · 4	1 · 5	1 · 6	1 · 7	1 · 8	1 · 9	1 · 10
2	2 · 1	2 · 2	2 · 3							
3	3 · 1	3 · 2	3 · 3	3 · 4						
4	4 · 1		4 · 3	4 · 4	4 · 5					
5	5 · 1			5 · 4	5 · 5	5 · 6				
6	6 · 1				6 · 5	6 · 6	6 · 7			
7	7 · 1					7 · 6	7 · 7	7 · 8		
8	8 · 1						8 · 7	8 · 8	8 · 9	
9	9 · 1							9 · 8	9 · 9	9 · 10
10	10 · 1								10 · 9	10 · 10

> Quadrataufgaben und Aufgaben mit ·1 und 1· sind Kernaufgaben! Du musst sie auswendig wissen!

a) Zeige die Quadrataufgaben in der Tabelle. Schreibe auf und rechne.
b) Suche in der Tabelle Tauschaufgaben. Schreibe auf und rechne.
c) Lege eine eigene Einmaleinstabelle an.

5 Malaufgaben mit 1 sind besonders einfach. Warum?
Sie gehören zu den Kernaufgaben.
Schreibe für jede Aufgabe
eine Karteikarte.

vorne

hinten

6 Aus der Einmaleinstabelle – rechne immer zuerst die für dich einfachste Aufgabe.

a) 4 · 5 = ☐
   5 · 5 = ☐
   6 · 5 = ☐

b) 6 · 7 = ☐
   7 · 7 = ☐
   8 · 7 = ☐

c) 8 · 9 = ☐
   9 · 9 = ☐
   10 · 9 = ☐

d) 3 · 4 = ☐
   4 · 4 = ☐
   5 · 4 = ☐

 e) Finde weitere Aufgabenreihen.

7 Quadrataufgaben verändern – Nachbaraufgaben bilden

a) 3 · 3 = ☐
   2 · 3 = ☐

b) 5 · 5 = ☐
   4 · 5 = ☐

c) 7 · 7 = ☐
   8 · 7 = ☐

d) 9 · 9 = ☐
   10 · 9 = ☐

e) 4 · 4 = ☐
   …

f) 2 · 2 = ☐
   …

g) 6 · 6 = ☐
   …

h) 8 · 8 = ☐
   …

Verdoppeln ist auch Malnehmen

1 Schreibe die Verdopplungsaufgaben als Malaufgaben.

7 + 7   8 + 8   2 + 2   3 + 3   4 + 4   5 + 5   6 + 6   1 + 1   9 + 9   10 + 10

| 7 | + | 7 | = | 2 | · | 7 |

Was stellst du fest? Welche Zahl kommt in jeder Malaufgabe immer vor?

2 Schreibe zu jedem Punktefeld Aufgabe und Tauschaufgabe.

a)   b)   c)   d)

| 5 | · | 2 | = | | |
| 2 | · | 5 | = | | |

e)   f)

g)   h)   i)   j)

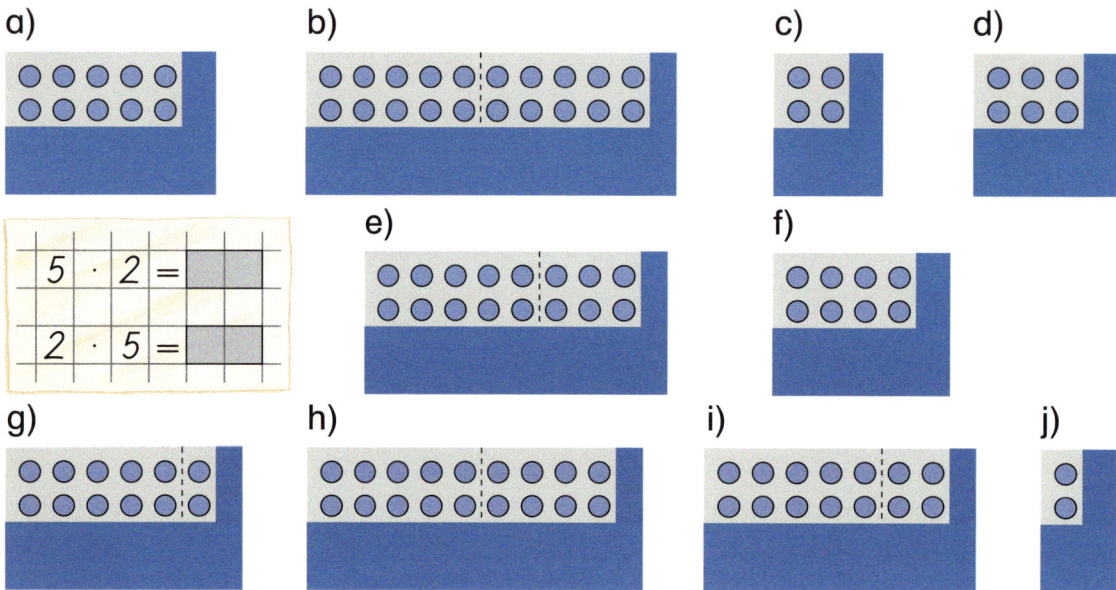

3 Ergänze deinen Karteikasten.

| 5 · 2 | 10 |
| 2 · 5 | 10 |
vorne   hinten

Das kann ich schon

Das muss ich noch üben

Die Aufgaben mit · 2 oder 2 · gehören zu den Kernaufgaben.

4 Nachbaraufgaben zu den Malaufgaben mit 2.
Zeige am Hunderterfeld und rechne.

a) 2 · 6 = ☐   2 · 4 = ☐   2 · 8 = ☐   2 · 7 = ☐   2 · 5 = ☐
    3 · 6 = ☐   3 · 4 = ☐   3 · 8 = ☐   3 · 7 = ☐   3 · 5 = ☐

b) 2 · 9 = ☐   2 · 10 = ☐   2 · 3 = ☐   2 · 2 = ☐
    3 · 9 = ☐   3 · 10 = ☐   3 · 3 = ☐   3 · 2 = ☐

5 Welche Aufgaben sind in der Tabelle dazu gekommen?

·	1	2	3	4	5	6	7	8	9	10
1	1 · 1	1 · 2	1 · 3	1 · 4	1 · 5	1 · 6	1 · 7	1 · 8	1 · 9	1 · 10
2	2 · 1	2 · 2	2 · 3	2 · 4	2 · 5	2 · 6	2 · 7	2 · 8	2 · 9	2 · 10
3	3 · 1	3 · 2	3 · 3	3 · 4	3 · 5	3 · 6	3 · 7	3 · 8	3 · 9	3 · 10
4	4 · 1	4 · 2	4 · 3	4 · 4	4 · 5					
5	5 · 1	5 · 2	5 · 3	5 · 4	5 · 5	5 · 6				
6	6 · 1	6 · 2	6 · 3		6 · 5	6 · 6	6 · 7			
7	7 · 1	7 · 2	7 · 3			7 · 6	7 · 7	7 · 8		
8	8 · 1	8 · 2	8 · 3				8 · 7	8 · 8	8 · 9	
9	9 · 1	9 · 2	9 · 3					9 · 8	9 · 9	9 · 10
10	10 · 1	10 · 2	10 · 3						10 · 9	10 · 10

Die Tabelle füllt sich.

a) Betrachte die 2 · ☐ -Aufgaben. Darüber und darunter siehst du Nachbaraufgaben. Schreibe auf und rechne.

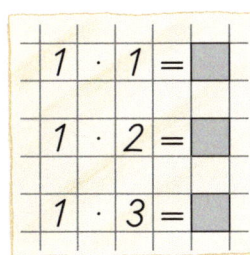

1 · 1 = 1
2 · 1 = ☐
3 · 1 = ☐

1 · 1	1 · 2	1 · 3	1 · 4	···
2 · 1	2 · 2	2 · 3	2 · 4	···
3 · 1	3 · 2	3 · 3	3 · 4	···

b) Betrachte die ☐ · 2 -Aufgaben. Links und rechts daneben siehst du die Nachbaraufgaben. Schreibe auf und rechne.

1 · 1 = ☐
1 · 2 = ☐
1 · 3 = ☐

1 · 1 —— 1 · 2 —— 1 · 3
2 · 1 —— 2 · 2 —— 2 · 3
3 · 1 —— 3 · 2 —— 3 · 3
4 · 1 —— 4 · 2 —— 4 · 3
··· ··· ···

6 Malaufgaben mit 2 helfen dir. Zeige am Hunderterfeld.

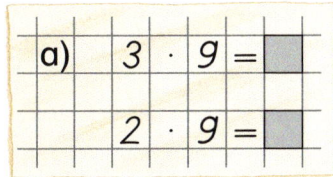

a) 3 · 9 = ☐
2 · 9 = ☐

a) 3 · 9
2 · 9

b) 3 · 6
2 · 6

c) 3 · 8
2 · 8

d) 8 · 3
8 · 2

e) 7 · 3
7 · 2

f) 6 · 3
6 · 2

g) 3 · 9
2 · 9

h) 4 · 3
4 · 2

7 Suche alle Malaufgaben mit 2 in der Tabelle. Nenne die Ergebnisse blitzschnell.

1 Zeige die Aufgaben an deinem Hunderterfeld und rechne.

| $5 \cdot 10 = \square$ | $3 \cdot 10 = \square$ | $7 \cdot 10 = \square$ | $6 \cdot 10 = \square$ | $4 \cdot 10 = \square$ | ? |
| $10 \cdot 5 = \square$ | $10 \cdot 3 = \square$ | $10 \cdot 7 = \square$ | $\square \cdot \square = \square$ | $\square \cdot \square = \square$ | |

Was haben alle Ergebnisse gemeinsam?

2 Suche in deinem Karteikasten Malaufgaben mit 10. Schreibe alle fehlenden Aufgaben auf Karteikarten. Markiere die obere Ecke gelb. Übe.

3 Malaufgaben mit 10 verändern. Zeige am Hunderterfeld.

a)
| $10 \cdot 4$ | $10 \cdot 6$ | $10 \cdot 8$ | $10 \cdot 3$ | $10 \cdot 5$ |
| $9 \cdot 4$ | $9 \cdot 6$ | $9 \cdot 8$ | $9 \cdot 3$ | $9 \cdot 5$ |

| $10 \cdot 9$ | $10 \cdot 7$ | $10 \cdot 2$ | $10 \cdot 10$ | |
| $9 \cdot 9$ | $9 \cdot 7$ | $9 \cdot 2$ | $9 \cdot 10$ | |

b)
| $7 \cdot 10$ | $6 \cdot 10$ | $5 \cdot 10$ | $10 \cdot 10$ | $8 \cdot 10$ |
| $7 \cdot 9$ | $6 \cdot 9$ | $5 \cdot 9$ | $10 \cdot 9$ | $8 \cdot 9$ |

| $4 \cdot 10$ | $3 \cdot 10$ | $2 \cdot 10$ | $9 \cdot 10$ | |
| $4 \cdot 9$ | $3 \cdot 9$ | $2 \cdot 9$ | $9 \cdot 9$ | |

> Malaufgaben mit 10 sind Kernaufgaben. Lerne sie auswendig.

4 Wie hat sich die Einmaleinstabelle verändert? Beschreibe.

·	1	2	3	4	5	6	7	8	9	10
1	1·1	1·2	1·3	1·4	1·5	1·6	1·7	1·8	1·9	1·10
2	2·1	2·2	2·3	2·4	2·5	2·6	2·7	2·8	2·9	2·10
3	3·1	3·2	3·3	3·4	3·5	3·6	3·7	3·8	3·9	3·10
4	4·1	4·2	4·3	4·4	4·5				4·9	4·10
5	5·1	5·2	5·3	5·4	5·5	5·6			5·9	5·10
6	6·1	6·2	6·3		6·5	6·6	6·7		6·9	6·10
7	7·1	7·2	7·3			7·6	7·7	7·8	7·9	7·10
8	8·1	8·2	8·3				8·7	8·8	8·9	8·10
9	9·1	9·2	9·3	9·4	9·5	9·6	9·7	9·8	9·9	9·10
10	10·1	10·2	10·3	10·4	10·5	10·6	10·7	10·8	10·9	10·10

a) Löse alle weißen Aufgaben mithilfe von Kernaufgaben.

| $2 \cdot 4 =$ | $\square$ |
| $3 \cdot 4 =$ | $\square$ |

b) Übe mit deinem Karteikasten alle Kernaufgaben.

5 Malaufgaben mit 10 halbieren. Setze die Reihe fort.

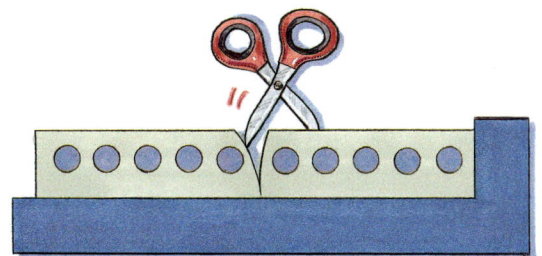

$$1 \cdot 10 = 10 \longrightarrow 1 \cdot 5 = 5$$
$$2 \cdot 10 = 20 \longrightarrow 2 \cdot 5 = 10$$
$$3 \cdot 10 = 30 \longrightarrow 3 \cdot 5 = 15$$

...

6 Suche in deinem Karteikasten Malaufgaben mit 5.
Schreibe die fehlenden Aufgaben auf Karteikarten.
Markiere die obere Kartenecke gelb. Übe.

vorne   hinten

Malaufgaben mit 5
sind Kernaufgaben.
Lerne sie auswendig!

7 Malaufgaben mit 5 verändern. Zeige am Hunderterfeld.

a) $5 \cdot 4 = \square$ $5 \cdot 2 = \square$ $5 \cdot 7 = \square$ $5 \cdot 3 = \square$ $5 \cdot 8 = \square$
   $6 \cdot 4 = \square$ $6 \cdot 2 = \square$ $6 \cdot 7 = \square$ $6 \cdot 3 = \square$ $6 \cdot 8 = \square$

   $5 \cdot 6 = \square$ $5 \cdot 1 = \square$ $5 \cdot 10 = \square$ $5 \cdot 5 = \square$
   $6 \cdot 6 = \square$ $6 \cdot 1 = \square$ $6 \cdot 10 = \square$ $6 \cdot 5 = \square$

b) $2 \cdot 5 = \square$ $4 \cdot 5 = \square$ $7 \cdot 5 = \square$ $5 \cdot 5 = \square$ $8 \cdot 5 = \square$
   $1 \cdot 5 = \square$ $3 \cdot 5 = \square$ $6 \cdot 5 = \square$ $4 \cdot 5 = \square$ $7 \cdot 5 = \square$

   $6 \cdot 5 = \square$ $1 \cdot 5 = \square$ $10 \cdot 5 = \square$ $3 \cdot 5 = \square$ $9 \cdot 5 = \square$
   $5 \cdot 5 = \square$ $0 \cdot 5 = \square$ $9 \cdot 5 = \square$ $2 \cdot 5 = \square$ $8 \cdot 5 = \square$

8 Schreibe Malaufgaben zu diesen Ergebnissen auf:

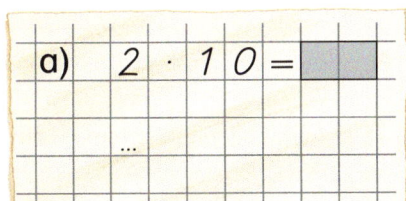

a) 20   b) 15   c) 50

d) 35   e) 45   f) 40

Einmaleinstraining

1 Die Einmaleinstabelle ist gefüllt.

Das ganze Einmaleins.

a) Erkläre die Bedeutung der Farben.

b) Welche Türme kannst du schon auswendig?

·	1	2	3	4	5	6	7	8	9	10
1	1 · 1	1 · 2	1 · 3	1 · 4	1 · 5	1 · 6	1 · 7	1 · 8	1 · 9	1 · 10
2	2 · 1	2 · 2	2 · 3	2 · 4	2 · 5	2 · 6	2 · 7	2 · 8	2 · 9	2 · 10
3	3 · 1	3 · 2	3 · 3	3 · 4	3 · 5	3 · 6	3 · 7	3 · 8	3 · 9	3 · 10
4	4 · 1	4 · 2	4 · 3	4 · 4	4 · 5	4 · 6	4 · 7	4 · 8	4 · 9	4 · 10
5	5 · 1	5 · 2	5 · 3	5 · 4	5 · 5	5 · 6	5 · 7	5 · 8	5 · 9	5 · 10
6	6 · 1	6 · 2	6 · 3	6 · 4	6 · 5	6 · 6	6 · 7	6 · 8	6 · 9	6 · 10
7	7 · 1	7 · 2	7 · 3	7 · 4	7 · 5	7 · 6	7 · 7	7 · 8	7 · 9	7 · 10
8	8 · 1	8 · 2	8 · 3	8 · 4	8 · 5	8 · 6	8 · 7	8 · 8	8 · 9	8 · 10
9	9 · 1	9 · 2	9 · 3	9 · 4	9 · 5	9 · 6	9 · 7	9 · 8	9 · 9	9 · 10
10	10 · 1	10 · 2	10 · 3	10 · 4	10 · 5	10 · 6	10 · 7	10 · 8	10 · 9	10 · 10

2 Weiße Aufgaben lösen – Kernaufgaben helfen.

7 · 3 = ☐
5 · 3 = 15   2 · 3 = 6

4 · 7 = ☐
2 · 7 = ☐   2 · 7 = ☐

7 · 8 = ☐
5 · 8 = ☐   2 · 8 = ☐

7 · 9 = ☐
5 · 9 = ☐   2 · 9 = ☐

8 · 4 = ☐
4 · 4 = ☐   4 · 4 = ☐

3 · 7 = ☐
2 · 7 = ☐   1 · 7 = ☐

4 · 8 = ☐
2 · 8 = ☐   2 · 8 = ☐

4 · 3 = ☐
2 · 3 = ☐   2 · 3 = ☐

3 Malaufgaben mit 2, 4 und 8.

Löse zuerst die Kernaufgaben.

1 · 2 = ☐	1 · 4 = ☐	1 · 8 = ☐
2 · 2 = ☐	2 · 4 = ☐	2 · 8 = ☐
3 · 2 = ☐	3 · 4 = ☐	3 · 8 = ☐
4 · 2 = ☐	4 · 4 = ☐	4 · 8 = ☐
5 · 2 = ☐	5 · 4 = ☐	5 · 8 = ☐
6 · 2 = ☐	6 · 4 = ☐	6 · 8 = ☐
7 · 2 = ☐	7 · 4 = ☐	7 · 8 = ☐
8 · 2 = ☐	8 · 4 = ☐	8 · 8 = ☐
9 · 2 = ☐	9 · 4 = ☐	9 · 8 = ☐
10 · 2 = ☐	10 · 4 = ☐	10 · 8 = ☐

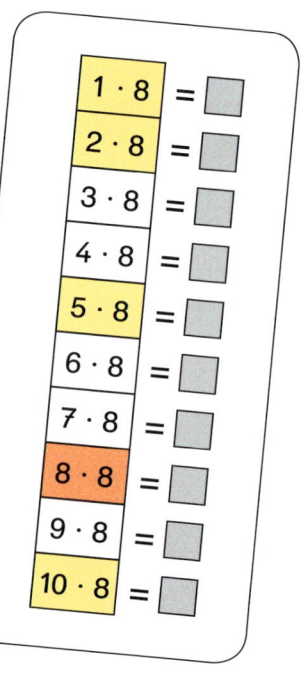

4 Löse die Kernaufgaben zuerst.

a)	b)	c)	d)	e)	f)
$4 \cdot 3$	$4 \cdot 6$	$6 \cdot 6$	$7 \cdot 7$	$4 \cdot 8$	$8 \cdot 8$
$5 \cdot 3$	$5 \cdot 6$	$7 \cdot 6$	$8 \cdot 7$	$5 \cdot 8$	$9 \cdot 8$
$6 \cdot 3$	$6 \cdot 6$	$8 \cdot 6$	$9 \cdot 7$	$6 \cdot 8$	$10 \cdot 8$

5 Welche Nachbaraufgaben kannst du mit den Kernaufgaben lösen?
Schreibe zwei Möglichkeiten auf.

a) $4 \cdot 4$ b) $9 \cdot 5$ c) $9 \cdot 9$ d) $5 \cdot 7$ e) $10 \cdot 5$ f) $7 \cdot 2$

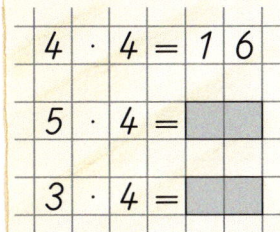

$4 \cdot 4 = 16$

$5 \cdot 4 = $

$3 \cdot 4 = $

Manchmal ist die Nachbaraufgabe auch eine Kernaufgabe.

6 Suche zu den Ergebnissen viele Malaufgaben.
Deine Einmaleinstabelle hilft dir.

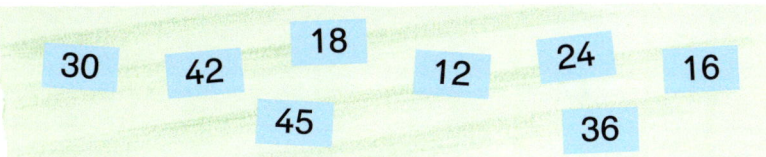

30   42   18   12   24   16
45   36

Das brauchst du nicht zu üben. Oder?

7 Die Einmaleinstabelle ist gefüllt. Warum fehlen $0 \cdot \square$ und $\square \cdot 0$?

Rechne: $0 \cdot 5$ $0 \cdot 4$ $9 \cdot 0$ $7 \cdot 0$

8 Malaufgaben mit 3, 6 und 9

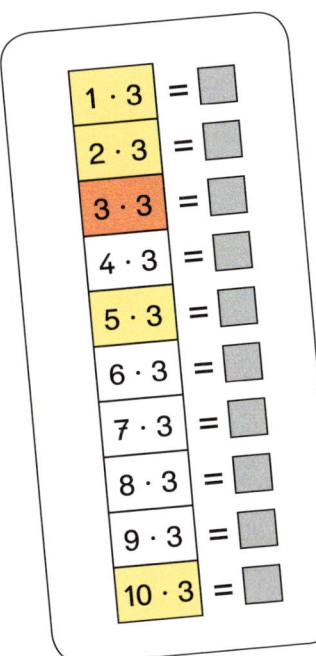

$1 \cdot 3 = $	$1 \cdot 6 = $	$1 \cdot 9 = $
$2 \cdot 3 = $	$2 \cdot 6 = $	$2 \cdot 9 = $
$3 \cdot 3 = $	$3 \cdot 6 = $	$3 \cdot 9 = $
$4 \cdot 3 = $	$4 \cdot 6 = $	$4 \cdot 9 = $
$5 \cdot 3 = $	$5 \cdot 6 = $	$5 \cdot 9 = $
$6 \cdot 3 = $	$6 \cdot 6 = $	$6 \cdot 9 = $
$7 \cdot 3 = $	$7 \cdot 6 = $	$7 \cdot 9 = $
$8 \cdot 3 = $	$8 \cdot 6 = $	$8 \cdot 9 = $
$9 \cdot 3 = $	$9 \cdot 6 = $	$9 \cdot 9 = $
$10 \cdot 3 = $	$10 \cdot 6 = $	$10 \cdot 9 = $

1 Warst du schon einmal auf einem Naturspielplatz?
Welche Spielgeräte erkennst du? Erzähle.

2 Verschiedene Wege

| von der … | zur ... | vom … | zum ... | vom … | zur ... |

| vom … | zur ... |

Beschreibe: a) den längsten/den kürzesten Weg,
b) deinen Lieblingsweg.

3 Rundweg
a) Finde einen Rundweg, bei dem du an jedem Spielgerät einmal vorbei-
kommst. (Kein Wegstück darf doppelt gegangen werden.)
b) Gibt es mehrere Möglichkeiten?

4 Augenreise – Ziel gesucht.

Start:
• 3 Schritte nach
vorne
• links abbiegen
• 11 Schritte
Ziel: ?

Start:
• 6 Schritte nach
vorne
• rechts abbiegen
• 15 Schritte
Ziel: ?

Start:
• 3 Schritte nach
vorne
• links abbiegen
• 9 Schritte
Ziel: ?

Start:

?

5 Guckkasten – suche auf dem Bild:

 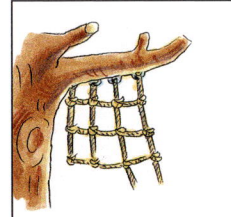 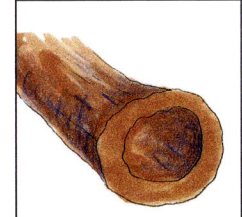  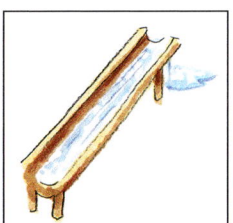

6 Wo findest du?

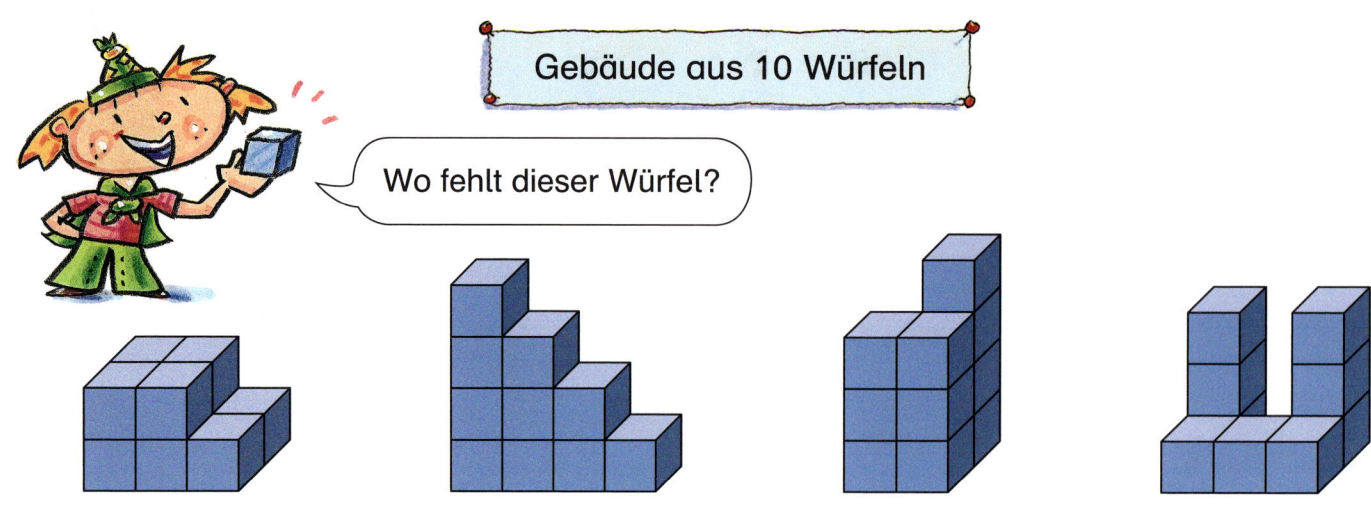

Gebäude aus 10 Würfeln

Wo fehlt dieser Würfel?

① Baue selbst Bauwerke mit 10 Würfeln.

② Versteckte Würfel

Wie viele Würfel siehst du?
Baue die Bauwerke nach.
Wie viele Würfel
brauchst du wirklich?

③ Baue diese Bauwerke nach.

a) 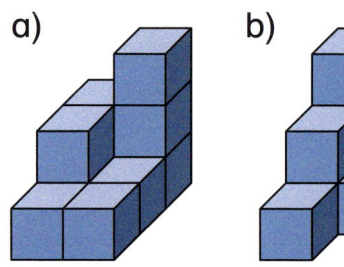   b) 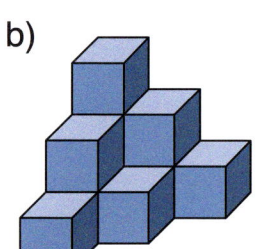   c) 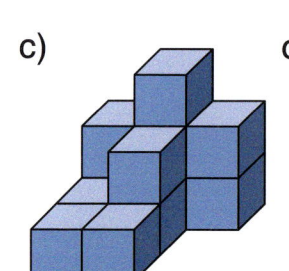   d) 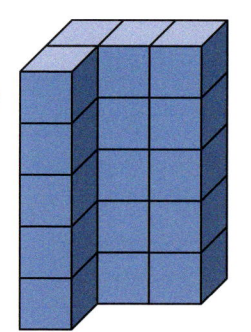   e)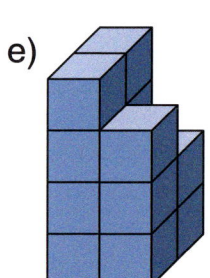

Wie viele Würfel brauchst du jeweils? Schreibe auf.

④ Kleine, große und ganz große Treppen!

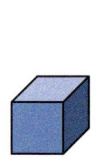   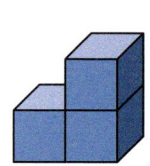   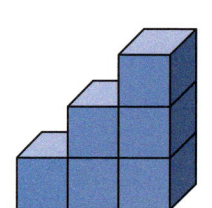   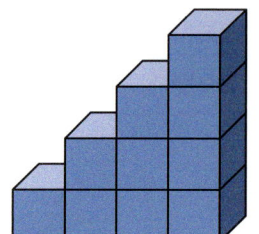   · · ·

a) Wie viele Würfel brauchst du für jede Treppe?
b) Wie viele Würfel hat die 5. und 6. Treppe?
⭐ c) Überlege: Wie viele Würfel hätte die 10. Treppe?

5 Simsala hat dieses Gebäude gebaut. Bim hat dazu einen Plan gezeichnet. Erkläre ihn.

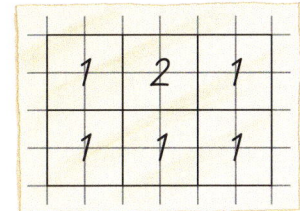

1	2	1
1	1	1

6 Baue nach. Zeichne dazu Pläne.

a) 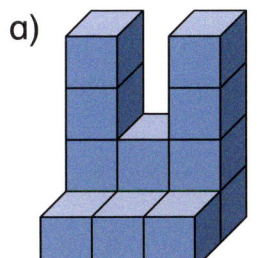   b) 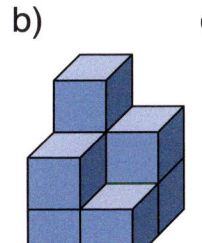   c) 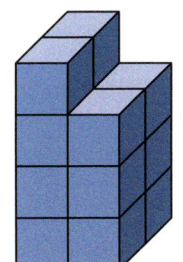   d) 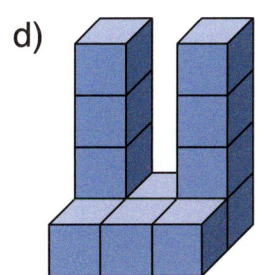   e)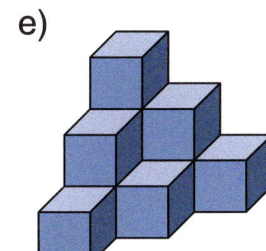

7 Ordne diesen Würfelgebäuden die passenden Pläne zu.

a) 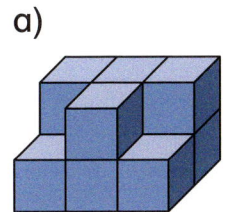   b)    c)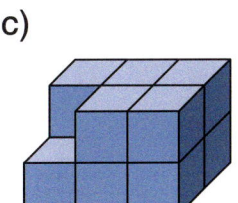

A
3	2	3
1	2	1

B
4	
3	2
2	1

C
2	2	2
1	2	2

D
2	2	2
1	2	1

E
5	
4	2
2	4

Baue zu den übrigen Plänen die Gebäude.

8 Nach diesen Plänen entsteht immer die gleiche Körperform. Welche ist es?

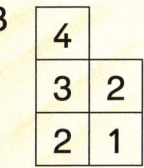

| 1 |

2	2
2	2

3	3	3
3	3	3
3	3	3

…

Wie viele Würfel benötigt Bim für das …
– erste Gebäude?
– zweite Gebäude?
– dritte Gebäude?
– … Gebäude?

① Simsala hat 15 Zauberkugeln verteilt.

Das sind meine Kugeln.

So bin ich nicht einverstanden!

Ich auch nicht!

Kannst du so teilen, dass alle zufrieden sind?

$15 : 3 = \square$

15 geteilt durch 3

② Versuche auch hier gerecht zu teilen. Schreibe auf, wie du teilen kannst. Vergleicht eure Ergebnisse.

a)

b)

SCHOKOKÜSSE

c)

a) | 1 | 8 | : | 3 | = | 6 |

   | 1 | 8 | : | 6 | = | 3 |

   ...

d)

e)

f)

③ Wie wurde hier geteilt? Schreibe die Rechnungen ins Heft.

a) | 1 | 2 | : | 2 | = | 6 |

   | 1 | 2 | : | 3 | = | ▨ |

   | 1 | 2 | : | 4 | = | ▨ |

a)

b)

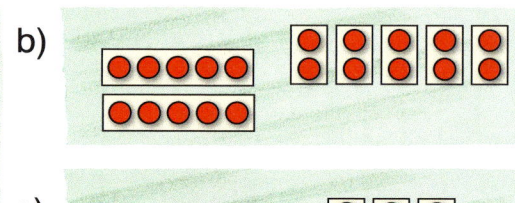

c)

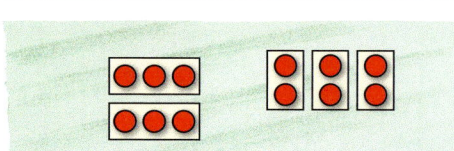

4 Simsala und Bim teilen das Zwanzigerfeld … … in 2 gleiche Teile,

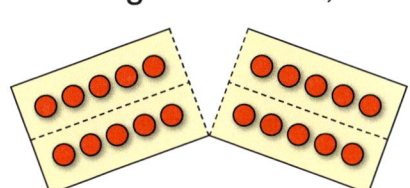

20 : 2 = 10
2 · 10 = 20

… in 5 gleiche Teile, … in 4 gleiche Teile.

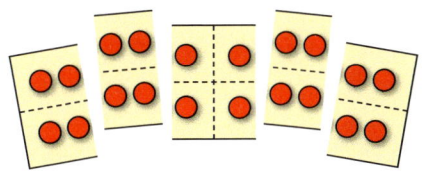

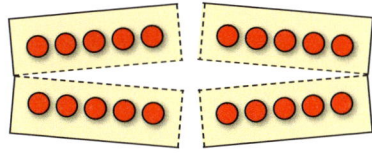

20 : 5 = 4
5 · 4 = 20

Kannst du noch anders teilen?

20 : 4 = 5
4 · 5 = 20

5 Teile die Punktefelder. Schreibe Rechnungen auf.

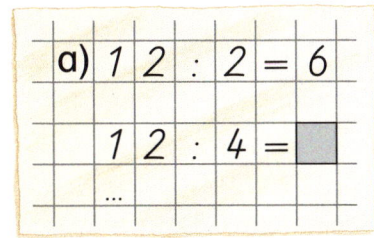

a) 1 2 : 2 = 6
1 2 : 4 = ▢
…

a) ● ● ●
● ● ●
● ● ●

b) ● ● ● ●
● ● ● ●
● ● ● ●

c) ● ● ●
● ● ●

d) ● ● ● ● ●
● ● ● ● ●

e) ● ● ● ● ●
● ● ● ● ●
● ● ● ● ●

f) ● ● ● ● ● ● ●
● ● ● ● ● ● ●
● ● ● ● ● ● ●
● ● ● ● ● ● ●

g) Suche dir selbst Punktefelder.
Wie kannst du teilen? Schreibe auf.

6 Zeichne Punktefelder, die sich gut teilen lassen …

a) … durch 2.

b) … durch 3.

c) … durch 4.

d) … durch 5.

e) … durch …

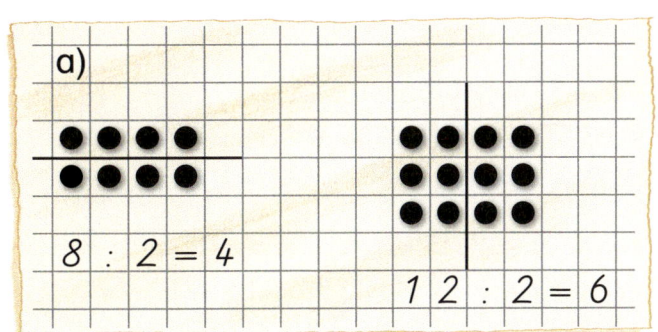

1 10 Kinder spielen das Atomspiel.

Bei Dreiergruppen bleibt ja einer übrig!

Sie bilden Gruppen …

a) … mit 3 Kindern.
b) … mit 5 Kindern.
c) … mit 4 Kindern.
d) … mit 2 Kindern.

Male und rechne.

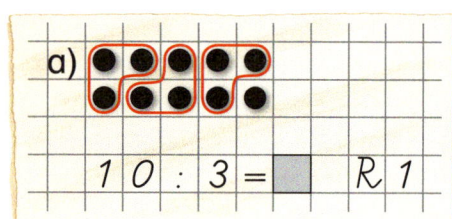

a)

$10 : 3 = \boxed{} \; R \; 1$

Rest 1:
1 Kind bleibt übrig.

2 18 Kinder spielen das Atomspiel.

a) Welche Gruppen können sie bilden? Kein Kind soll übrig bleiben.
Male und schreibe die Rechnung auf.

b) Bei welchen Gruppen bleiben Kinder übrig?
Schreibe auch hier Rechnungen auf.

3 Figuren legen

a) Du hast 30 Streichhölzer.
Lege Häuser wie im Plan.
Schreibe Rechnungen dazu auf.

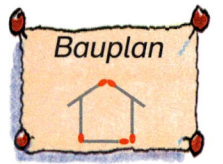

Bauplan

$30 : 5 = \boxed{}$

$\boxed{} \cdot 5 = 30$

b) Nimm jetzt 10, 20, 25, 15, 35, 18, … Streichhölzer.
Überlege: Wie viele Häuser sind es jetzt? Schreibe die Rechnungen auf.

4 Du hast 17 Streichhölzer.

a) Lege daraus Quadrate.
Schreibe Rechnungen dazu auf.

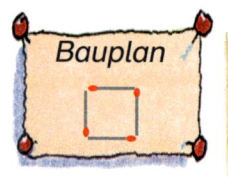

Bauplan

$17 : 4 = \boxed{} \; R \; \boxed{}$

$\boxed{} \cdot 4 = \boxed{}$

$\boxed{} + \boxed{} = 17$

b) Nimm jetzt 20, 22, 24, 25, 28, … Streichhölzer.
Lege Quadrate. Schreibe die Rechnungen auf.

c) Erfinde selbst Aufgaben mit Streichhölzern.

5 Simsala und Bim bauen Türme aus 20 Würfeln.

20 Würfel = ☐ · 5 Würfel
20 : 5 = ☐

Der erste 5er-Turm ist fertig.

a) Wie viele 5er-Türme können Simsala und Bim bauen?

 b) Baut mit 20 Würfeln auch 10er-, 6er-, 4er-, 3er-Türme. Zeichnet und rechnet.

2 0 : 5 = ☐

6 Simsala und Bim haben jetzt 24 Würfel. Sie bauen 5er-, 6er-, 8er-, 10er- … Türme. Zeichne und rechne.

7 Baue jetzt 3er-Türme.
a) Nimm 10 Würfel. Zeichne und rechne.

b) Nimm jetzt 12, 15, 16, 18, … Würfel.

1 0 : 3 = ☐

c) Bei welcher Anzahl von Würfeln bleibt ein Rest, bei welcher nicht? Erstelle eine Tabelle. Fällt dir etwas auf?

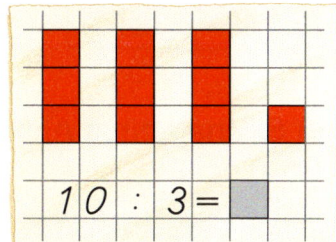

8 Untersuche auch …

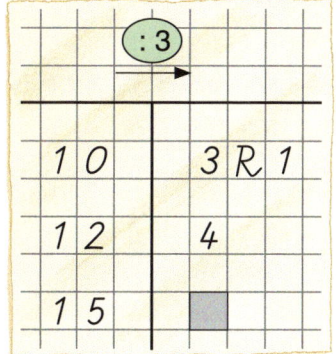

: 4	
10	2 R2
12	☐
15	☐
…	…

: 5	
10	☐
12	☐
15	☐
…	…

: 2	
10	☐
12	☐
15	☐
…	…

Malnehmen und Teilen gehören zusammen

1 Suche die Malaufgaben und Geteiltaufgaben, die zusammen gehören.

a)

$3 \cdot 10 = \square$ $4 \cdot 2 = \square$ $16 : 2 = \square$ $35 : 5 = \square$

$8 \cdot 10 = \square$ $5 \cdot 5 = \square$ $25 : 5 = \square$ $8 : 2 = \square$

$7 \cdot 5 = \square$ $30 : 10 = \square$

$8 \cdot 2 = \square$ $80 : 10 = \square$

b) Suche auch hier die Malaufgaben und Geteiltaufgaben, die zusammengehören.

$9 \cdot 5 = \square$ $5 \cdot 4 = \square$ $20 : 4 = \square$ $100 : 10 = \square$

$10 \cdot 10 = \square$ $3 \cdot 3 = \square$ $64 : 8 = \square$ $9 : 3 = \square$

$8 \cdot 8 = \square$ $6 \cdot 2 = \square$ $12 : 2 = \square$ $45 : 5 = \square$

c) Suche selbst Aufgabenpaare.

2 Rechne die Malaufgabe und suche die passende Geteiltaufgabe.

a) $6 \cdot 5 = \square$ b) $4 \cdot 10 = \square$ c) $7 \cdot 7 = \square$ d) $7 \cdot 5 = \square$

$3 \cdot 3 = \square$ $8 \cdot 5 = \square$ $4 \cdot 4 = \square$ $2 \cdot 10 = \square$

$7 \cdot 2 = \square$ $6 \cdot 2 = \square$ $9 \cdot 9 = \square$ $5 \cdot 5 = \square$

$9 \cdot 5 = \square$ $7 \cdot 10 = \square$ $8 \cdot 2 = \square$ $8 \cdot 8 = \square$

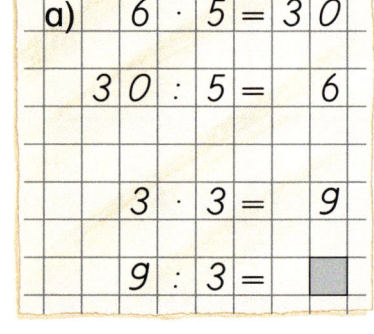

a) $6 \cdot 5 = 30$
$30 : 5 = 6$
$3 \cdot 3 = 9$
$9 : 3 = \square$

3 Rechne. Denke an die Malaufgabe.

a) $12 : 2 = \square$ b) $8 : 4 = \square$ c) $70 : 10 = \square$ d) $40 : 4 = \square$ e) $81 : 9 = \square$

$35 : 7 = \square$ $16 : 8 = \square$ $64 : 8 = \square$ $15 : 3 = \square$ $20 : 2 = \square$

$40 : 5 = \square$ $36 : 6 = \square$ $18 : 9 = \square$ $14 : 7 = \square$ $30 : 6 = \square$

$49 : 7 = \square$ $14 : 2 = \square$ $30 : 10 = \square$ $45 : 5 = \square$ $40 : 8 = \square$

 $\cdot$  $= 16$,
da kann  nur
die Zahl ⬜ sein.

1 Geheimschrift.
Finde die Zahlen
für die Bilder.

a) $\cdot$ $= 16$:  $=$  $-$ $=$ 🌙

 $-$ $=$ $+$  $=$ ☁   🌙 : $=$

b) $4 \cdot$ 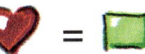 $= 20$  $\cdot$ 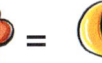 $= 60$ $+$  $=$ ⬤

$30 :$ ❤ $=$ ⬜    $\cdot$ $=$ ⬤

c)   🌸 $\cdot$ ☁ $= 16$ ☁ $-$ 🌸 $=$ 🌙   🌸 $+$ 🌙 $=$ ☁

🌸 $\cdot$ ☀ $=$ ☁   ☁ $+$ 🌙 $= ?$

d)   Denke dir selbst Geheimschriftaufgaben aus!

Ich beginne mit
dieser Malaufgabe.
Ist doch klar!

 2 Jetzt wird es knifflig.

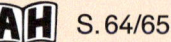
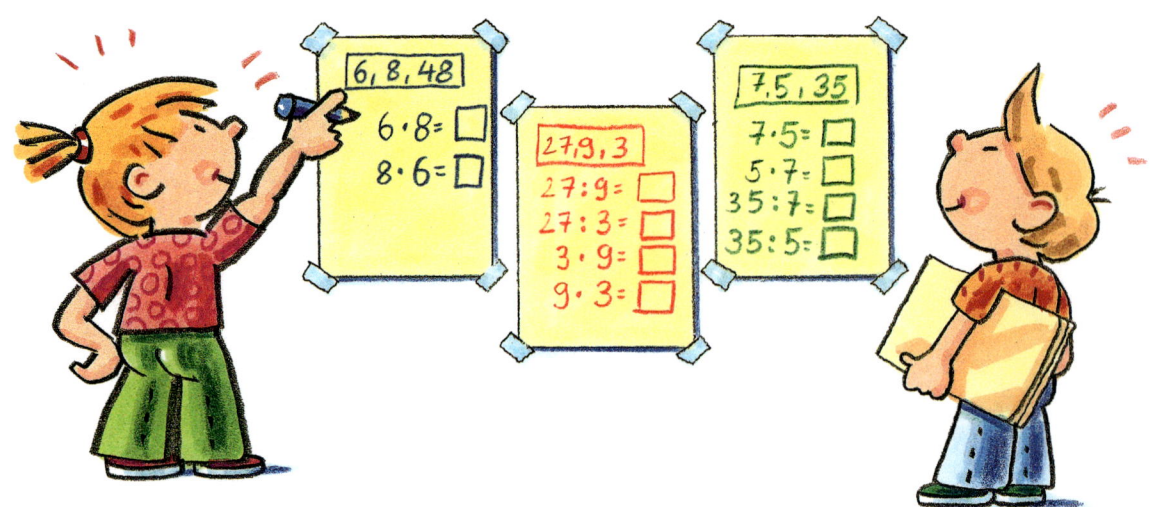

1 Schreibe 3 Zahlen auf, zu denen dein Partner 4 Aufgaben finden kann.

2 Schreibe die 4 Aufgaben ins Heft.

a) 2, 3, 6

14, 7, 2

5, 10, 50

b) 4, 8, 2

10, 2, 20

20, 5, 4

c) 30, 6, 5

2, 12, 6

9, 2, 18

⭐ d) 6, 24, 4

3, 9, 27

8, 9, 72

3 Eine Zahl fehlt. Schreibe alle 4 Aufgaben auf.

a) 8, 5, ?

45, 9, ?

3, 5, ?

b) 6, 10, ?

90, 10, ?

10, 30, ?

c) 8, 10, ?

4, 40, ?

8, 40, ?

⭐ d) 9, 63, ?

7, 42, ?

8, 7, ?

4 Findest du auch hier 4 Aufgaben? Schreibe ins Heft.

6, 6, 36   25, 5, 5   8, 64, 8   7, 49, ?

Suche weitere Beispiele, bei denen das so ist.

⭐ **5** Wie heißt die dritte Zahl? Finde immer 2 Möglichkeiten.

a) 4, 2, ?

b) 5, 10, ?

c) 2, 8, ?

d) 6, 3, ?

e) 9, 3, ?

f) 4, 8, ?

g) 10, 2, ?

a)	4,	2,	8
	4,	2,	2

Schreibe auch hier alle 4 Aufgaben auf.

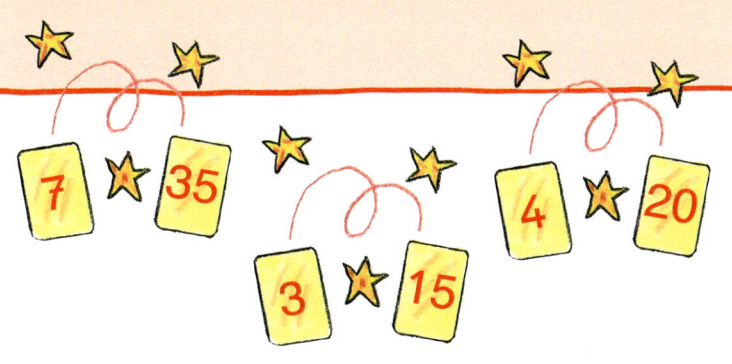

Aus 3 wird 15,
aus 4 wird 20,
aus 7 wird …

1 Wie heißt die Zauberregel? Finde weitere Zahlenpaare und schreibe auf.

a)
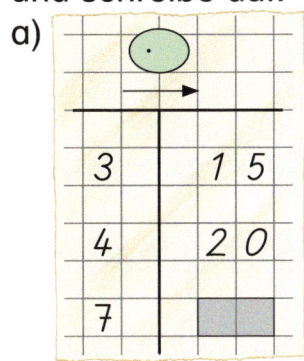

b)

c)
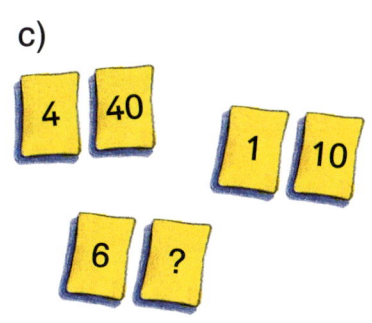

2 Finde Paare zu diesen Zauberregeln:

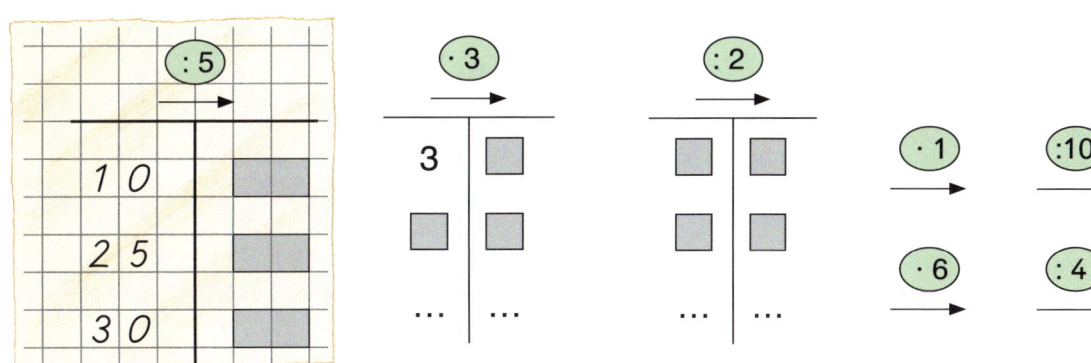

3 Finde selbst Zahlenpaare. Dein Partner nennt die Regel.

4 Erste oder zweite Zahl gesucht.

a) Zauberregel · 9
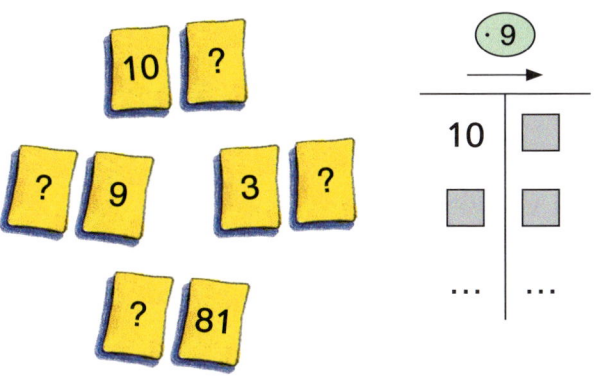

b) Zauberregel : 8

5 Wie heißt hier die Zauberregel? Finde weitere Paare.

Mach dir ein Bild vom Malnehmen

Welche Bilder und Geschichten passen zu beiden Rechnungen?

1 Welche Bilder und Geschichten passen jeweils zu Simsalas und Bims Rechnung? Erkläre.

a)

b)
Vater trägt Saftkisten in den Keller.
Er geht 3-mal.
In jeder Kiste sind 6 Flaschen.

c)
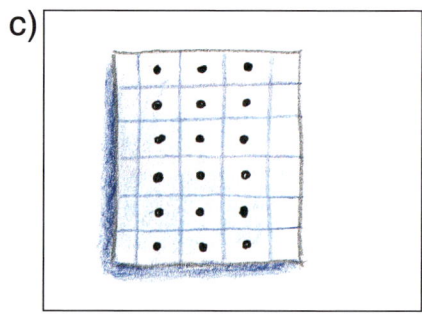

d)
Ayse hat im Fotoalbum 6 Seiten beklebt. Auf jeder Seite sind 3 Bilder.

e)

f)
Beim „Mensch ärgere dich nicht" würfelt Mateja 3-mal hintereinander eine 6. Wie viele Felder ist sie vorgerückt?

g)
Eisbecher 3 €

h)
Leon hat 3 rote und 6 blaue Autos.

i)
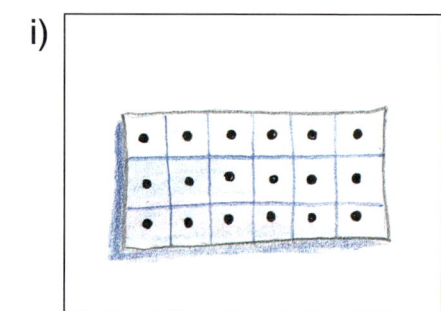

Passen wirklich alle Bilder und Geschichten?

2 Male auch zu diesen Aufgaben Bilder oder erzähle Geschichten.

$6 \cdot 7 = \square$ $9 \cdot 9 = \square$ $3 \cdot 4 = \square$ $2 \cdot 8 = \square$ $5 \cdot 10 = \square$ $7 \cdot 3 = \square$

Schreibe oder zeichne Aufgaben für die Sachaufgabenkartei.

3 Erzähle Rechengeschichten zu diesen Bildern. Schreibe die Rechnung auf.

a)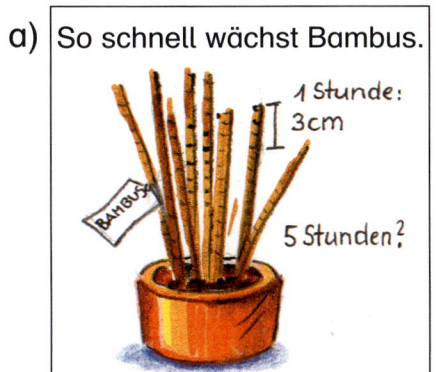

So schnell wächst Bambus.

1 Stunde: 3cm

5 Stunden?

In 10 Stunden?

b)

9 Bilder?

Für 7 Bilder?

c)

KINO
EINTRITT 5 €

Für deine Familie?

4 Löse die Aufgaben. Musst du immer Malnehmen?

a) *Für unser Klassenfest stellen wir Stuhlreihen auf. 8 Stühle stehen in einer Reihe. 5 Reihen haben in unserem Klassenzimmer Platz.*

b)

SCHWIMMBAD 2 €

Diesen Monat war ich sechsmal beim Schwimmen.

c) *Mutter hat Geburtstag. Michael und sein Bruder legen ihr gespartes Geld zusammen. Michael hat 7,50 €, sein Bruder 3,50 €. Das Geschenk kostet 13 €.*

d) *Ein Ei muss man 5 Minuten kochen, bis es hart ist. Mutter hat 3 Eier im Topf. Wie lange müssen die 3 Eier kochen?*

e)

Valentin wird 8

Jeder Gast soll 4 Schokoküsse bekommen!

Eine Zeichnung kann dir beim Rechnen helfen.

5 Malaufgaben gesucht: Wer findet die meisten?

Welche Bilder und Geschichten passen zu beiden Rechnungen?

1 Erkläre und rechne.

a) Zwölf Kinder stellen sich zu Dreiergruppen zusammen.

Wie viele …

b)

c) Zwölf Sticker werden gerecht an vier Kinder verteilt.

Wie viele …

d)

e) Zwölf Stühle werden gleichmäßig an 3 Tische gestellt.

Wie viele …

f) 12 € sollen gleichmäßig auf 2 Sparschweinchen verteilt werden.

Wie viele …

g) Zwölf kleine Bälle werden in Vierer-Schachteln verpackt.

Wie viele …

h)

Passen wirklich alle Bilder und Geschichten?

2 Male auch zu diesen Geteiltaufgaben Bilder oder erzähle Geschichten.

$18 : 2 = \square$ $20 : 10 = \square$ $24 : 2 = \square$ $16 : 4 = \square$ $25 : 5 = \square$

Schreibe oder zeichne Aufgaben für die Sachaufgabenkartei.

3 Erzähle Rechengeschichten zu diesen Bildern. Schreibe die Rechnungen auf.

a)

b)

c)

4 Löse die Aufgaben. Wo musst du teilen?
Wo kannst du gar nichts rechnen?

a) Michael, Nadja und Florian bekommen 15 € geschenkt.
Sie sollen gerecht teilen.

b) Die Tante spielt mit den drei Kindern ein Quartettspiel.
Es besteht aus 32 Karten.

c) Nadja geht um 16 Uhr zum Sport.
Im Umkleideraum stehen schon 8 Schuhe.

Eine Zeichnung
kann dir beim
Rechnen helfen!

d) In der Tüte sind 25 Luftballons. Sie sollen an 5 Kinder verteilt werden.

e) Annika hat 30 Perlen. Für jede Kette braucht sie 10 Perlen.

f) Udo hat 20 €. Er kauft ein Buch für 10 €.

5 Ein Bild – viele Geteiltaufgaben

a)

$12 : 4 = \square$

$12 : 2 = \square$

$12 : 6 = \square$

$12 : 3 = \square$

$12 : 1 = \square$

$12 : 12 = \square$

b)
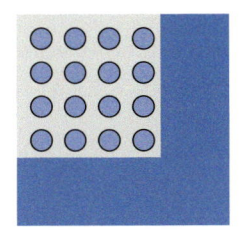

$16 : 8 = \square$

$16 : 4 = \square$

…

c)
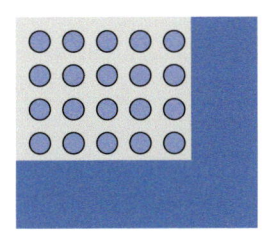

$20 : 10 = \square$

$20 : 5 = \square$

…

d)
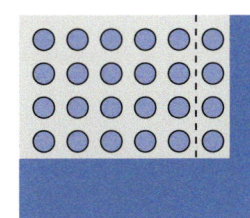

$24 : 2 = \square$

…

e) Male selbst Punktebilder und suche Geteiltaufgaben dazu.

f) Finde ein Punktebild mit besonders vielen Geteiltaufgaben
und eines mit wenigen.

111

① In jedem Sack stecken die Ergebnisse von vielen Kernaufgaben.
Schreibe die passenden Aufgaben auf.

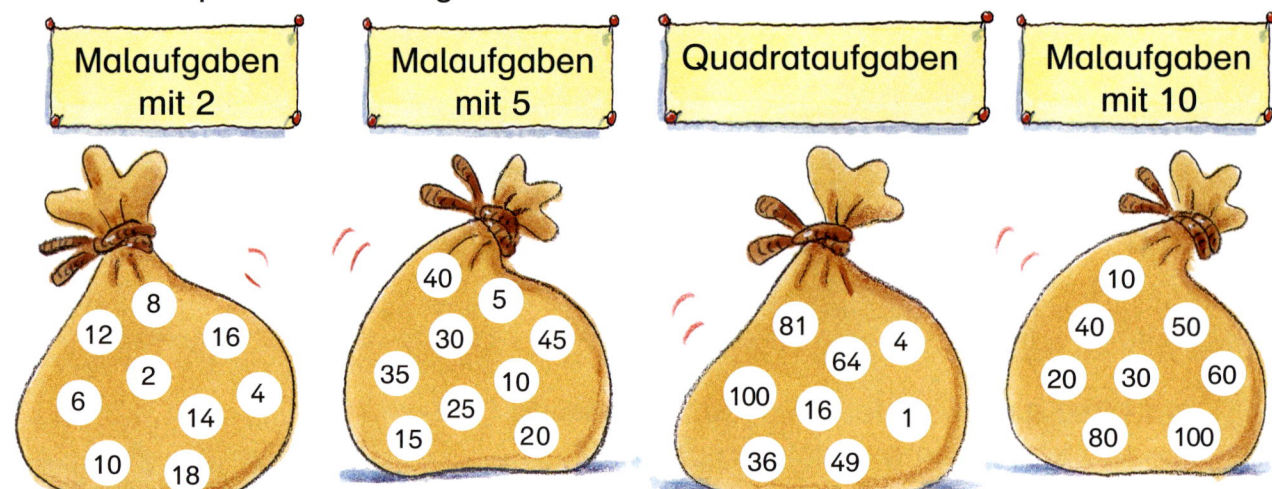

Malaufgaben mit 2   Malaufgaben mit 5   Quadrataufgaben   Malaufgaben mit 10

Sack 1: 8, 12, 16, 2, 6, 4, 14, 10, 18

Sack 2: 40, 5, 30, 45, 35, 10, 25, 15, 20

Sack 3: 81, 4, 64, 100, 16, 1, 36, 49

Sack 4: 10, 40, 50, 20, 30, 60, 80, 100

② Kernaufgaben und ihre Nachbaraufgaben.

a)
$5 \cdot 5 = \square$ $6 \cdot 6 = \square$ $8 \cdot 8 = \square$ $4 \cdot 4 = \square$ $7 \cdot 7 = \square$
$6 \cdot 5 = \square$ $7 \cdot 6 = \square$ $7 \cdot 8 = \square$ $3 \cdot 4 = \square$ $8 \cdot 7 = \square$

b)
$2 \cdot 9 = \square$ $2 \cdot 5 = \square$ $2 \cdot 7 = \square$ $2 \cdot 6 = \square$ $2 \cdot 8 = \square$
$3 \cdot 9 = \square$ $3 \cdot 5 = \square$ $3 \cdot 7 = \square$ $3 \cdot 6 = \square$ $3 \cdot 8 = \square$

c)
$10 \cdot 6 = \square$ $10 \cdot 4 = \square$ $10 \cdot 3 = \square$ $10 \cdot 7 = \square$ $10 \cdot 8 = \square$
$9 \cdot 6 = \square$ $9 \cdot 4 = \square$ $9 \cdot 3 = \square$ $9 \cdot 7 = \square$ $9 \cdot 8 = \square$

d)
$5 \cdot 4 = \square$ $5 \cdot 3 = \square$ $5 \cdot 9 = \square$ $5 \cdot 6 = \square$ $5 \cdot 7 = \square$
$6 \cdot 4 = \square$ $4 \cdot 3 = \square$ $4 \cdot 9 = \square$ $4 \cdot 6 = \square$ $6 \cdot 7 = \square$

③ Kernaufgaben verdoppeln.

$4 \cdot 4 = \square$ $2 \cdot 6 = \square$ $3 \cdot 3 = \square$ $2 \cdot 8 = \square$ $2 \cdot 7 = \square$
$8 \cdot 4 = \square$ $4 \cdot 6 = \square$ $6 \cdot 3 = \square$ $4 \cdot 8 = \square$ $4 \cdot 7 = \square$

④ Weiße Aufgaben lösen – Kernaufgaben helfen.

$7 \cdot 6 = \square$ $9 \cdot 7 = \square$ $8 \cdot 3 = \square$
$5 \cdot 6 = \square$ $2 \cdot 6 = \square$ $\square \cdot \square = \square$ $\square \cdot \square = \square$ $\square \cdot \square = \square$ $\square \cdot \square = \square$

5 3 Zahlen – vier Aufgaben

a) 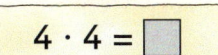 5 7 35

b) 70 10 7

c) 2 16 8

6 Suche Malaufgabe und Geteiltaufgabe, die zusammen gehören.

4 · 4 = ☐   7 · 7 = ☐

6 · 5 = ☐   9 · 2 = ☐

8 · 5 = ☐   9 · 9 = ☐

81 : 9 = ☐   30 : 5 = ☐

18 : 2 = ☐   40 : 5 = ☐

16 : 4 = ☐   49 : 7 = ☐

7 Rechne. Denke an die Malaufgabe.

a) 18 : 2 = ☐   b) 60 : 10 = ☐   c) 49 : 7 = ☐   d) 80 : 8 = ☐

   30 : 5 = ☐   14 : 2 = ☐   35 : 5 = ☐   81 : 9 = ☐

   64 : 8 = ☐   20 : 4 = ☐   12 : 2 = ☐   70 : 10 = ☐

8 a)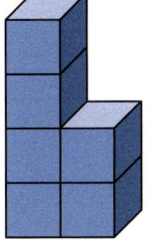

1 FAHRT 3€ RIESENRAD

Wir sind zu siebt!

b)

Jeder bekommt gleich viel.

c) Auf einem Stickerbogen sind 5 Sticker. Du kaufst 4 Bögen. Wie viele Sticker hast du?

d) 24 Luftballons müssen von 6 Kindern aufgeblasen werden. Wie viele muss jedes Kind aufblasen?

9 Zeichne Baupläne.

a)   b)   c)   d)

1 Miss die Strecken. Zeichne die Figuren in dein Heft.

2 Miss die Seiten dieses Rechtecks.
   a) Zeichne es in dein Heft.

   b) Zeichne ein Rechteck, das …
   – doppelt so lang ist.
   – doppelt so breit ist.
   – halb so breit ist.
   – dreimal so lang ist.

3 Miss die Strecken am Haus.
   Zeichne es genauso in dein Heft.
   Male Fenster und einen Garten dazu.

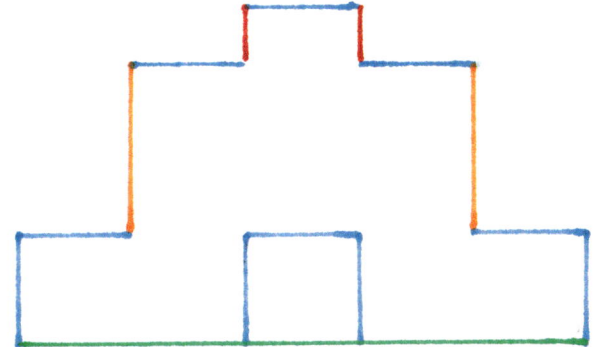

4 Welcher Weg ist der längste, welcher der kürzeste?
   Miss die Strecken mit dem Lineal.

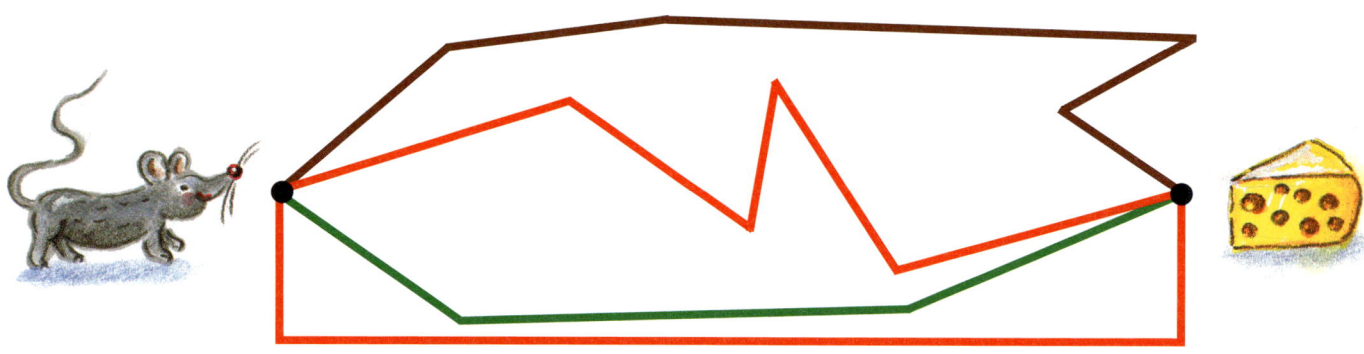

 5 Streckenkönig – ein Spiel mit

Spielverlauf:
   – Startpunkt einzeichnen,
   – Würfeln ⚁ → 3 cm,
   – Strecke einzeichnen.

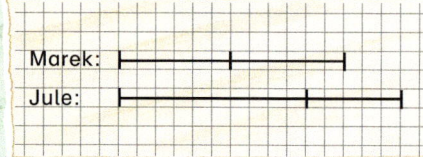

Sieger:
   – Wer kommt zuerst am
   anderen Blattrand an?

6 Fünf-Meter-Marsch

Markiert auf dem Schulhof eine Strecke von 5 Metern. Ein Kind lässt sich blind führen. Es öffnet die Augen erst, wenn es glaubt, dass die gesamte Strecke zurückgelegt ist.

 7 Entfernungen schätzen

Geht auf den Schulhof. Schätzt Entfernungen und messt genau nach.

8 Für die Turnhalle haben sich Kinder eine lustige Olympiade ausgedacht:

	einen Zeitungsball rollen	einen Watteball pusten	einmal wie ein Frosch hüpfen	rückwärts-springen
Erkan	6 m	1 m	60 cm	30 cm
Anna	7 m	60 cm	50 cm	30 cm
Michael	5 m 50 cm	70 cm	40 cm	35 cm

a) Vergleicht die Ergebnisse.
b) Fertigt eine Liste mit den Ergebnissen aus eurer Klasse an.

9 Ballweitwurf beim Kinder-Sportfest

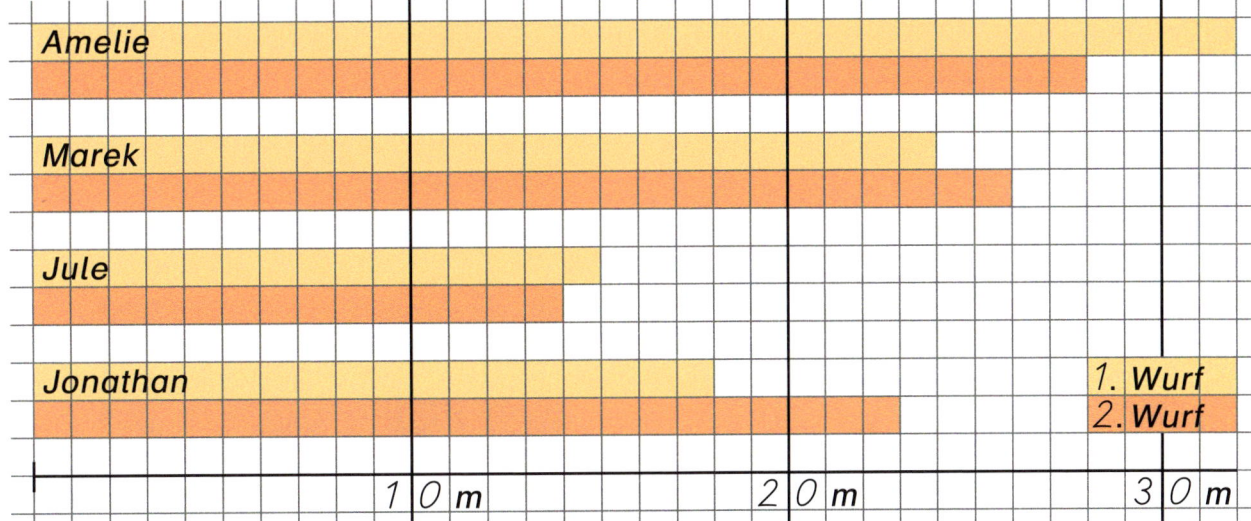

a) Was kannst du aus dem Schaubild ablesen?
b) Wie weit werfen die Kinder in eurer Klasse? Schreibt auf.

c) Erstellt ein eigenes Schaubild.

① Ein Riese macht sich auf den Weg von seiner Höhle zum See.
Sein Sohn begleitet ihn.
Immer wenn der Riese 1 Schritt macht, braucht der Sohn 2 Schritte.

a) Übertrage die Tabelle in dein Heft und ergänze sie.

Riese	1	2	3	5	10	12	15	...
Sohn	2	4						

b) Der See ist 30 Riesenschritte entfernt.
   Wie viele Schritte muss der Sohn gehen?

c) Ein Riesenschritt ist genau 2 m lang. Wie lang ist ein Schritt des Sohnes?

d) Wie viele Meter sind es bis zum See?

e) Erfinde selbst Rechengeschichten vom Riesen und seinem Sohn.

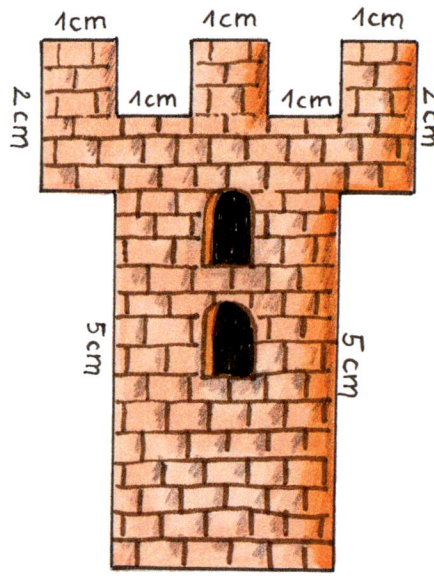

② Der Sohn des Riesen hat einen Turm gezeichnet.
Der Riese zeichnet einen Turm, der genau
doppelt so hoch und doppelt so breit ist.
Zeichne den Turm des Riesen.

Dabei hilft dir diese Tabelle:

Turm Sohn	1 cm	2 cm	3 cm	5 cm
Turm Riese	2 cm			

⭐ ③ Der Riese hat dieses Schiff
gezeichnet. Das Schiff des Sohnes
soll halb so groß sein.
Zeichne das Schiff des Sohnes.

Die Tabelle kann dir helfen.

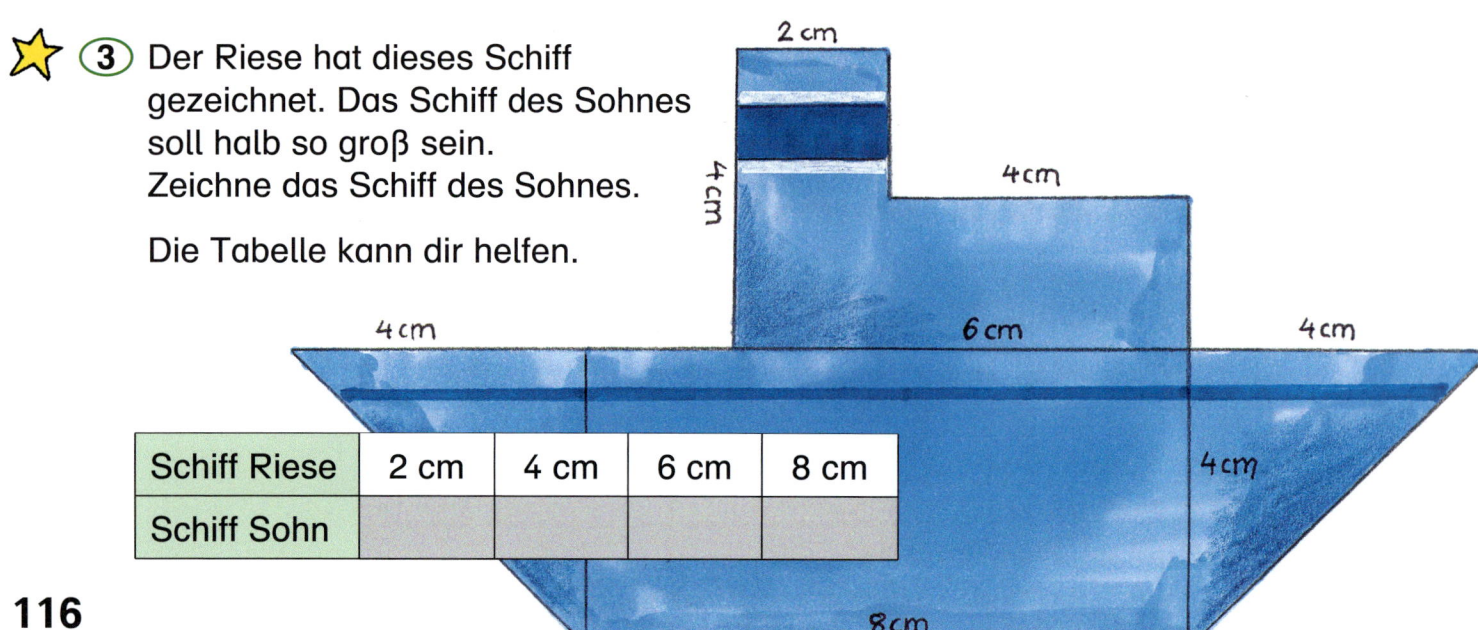

Schiff Riese	2 cm	4 cm	6 cm	8 cm
Schiff Sohn				

4 Rekorde rund um den Körper!
Vergleiche sie mit Messergebnissen am eigenen Körper.

Das ist aber unpraktisch!

Der größte lebende Mensch ist 2 m 56 cm groß.

Die längste Hand war 32 cm lang.

Der längste Fingernagel eines Daumens ist 1 m 35 cm lang.

Die längsten Haare sind mehr als 5 m lang.

5 So weit können Tiere springen.

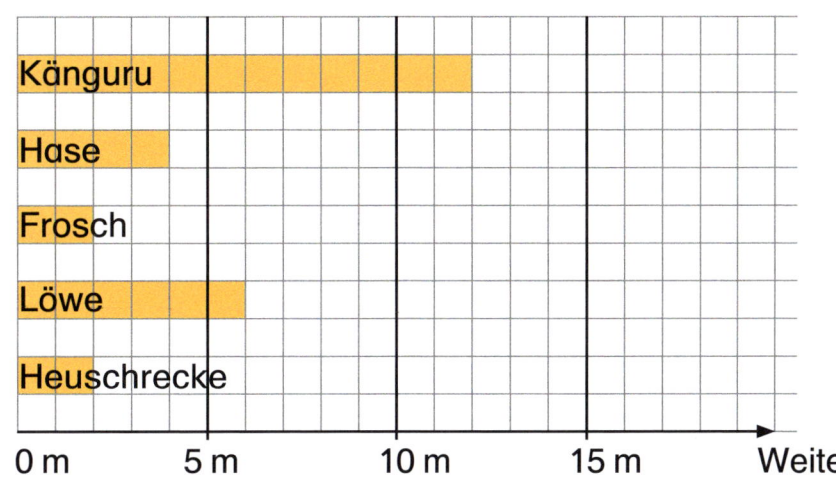

Känguru				
Hase				
Frosch				
Löwe				
Heuschrecke				

0 m   5 m   10 m   15 m   Weite

Vergleiche:

Ein Kängurusprung ist doppelt …

Zwei Froschsprünge sind genauso …

6 Wie groß sind die Kinder?
Eine Zeichnung kann dir bei der Lösung helfen.

a) Marek ist 1 m 25 cm groß. Ayse ist 15 cm größer.

b) Leon ist 1 m 32 cm groß. Paul ist 18 cm größer.

c) Maria ist 1 m 30 cm groß. Stefan ist 10 cm kleiner.

d) Anna ist 1 m 35 cm groß. Jule ist 7 cm kleiner.

7 Lena ist 1 m 29 cm groß. Michael ist 5 cm größer.
Annika ist 4 cm kleiner als Lena.

a) Wie groß ist jedes Kind? Zeichne und rechne.

b) Wie viele cm ist Michael größer als Annika?

8 Immer 1 m

100 cm = 1 m

a) 25 cm + ☐ cm = 1 m

50 cm + ☐ cm = 1 m

75 cm + ☐ cm = …

…

b) 99 cm

88 cm

77 cm

…

c) 10 cm

20 cm

30 cm

…

d) 1 cm

11 cm

21 cm

…

Magische Quadrate

Vor vielen tausend Jahren fand der Kaiser von China am Gelben Fluss eine Schildkröte.
Sie trug die Zahlen von 1 bis 9 auf dem Rücken.
Das Tier stellte dem Kaiser ein Rätsel:
„Ich habe ein Geheimnis auf meinem Rücken.
Es hat mit der Zahl 15 zu tun."

(1) Wo steckt die 15?

(2) Finde die Geschwister der Schildkröte.

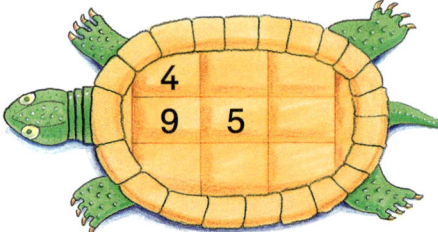

Vergleiche die 4 Schildkröten. Was fällt dir auf?

(3) a) Wähle eine Schildkröte. Schreibe alle Rechnungen mit dem Ergebnis 15 auf.

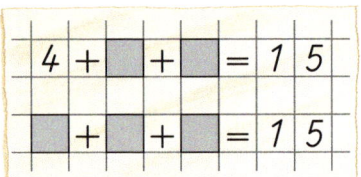

Wenn du die Tauschaufgaben weglässt, kannst du 8 Rechnungen aufschreiben.

b) Untersuche: Wie oft kommt jede Zahl in allen Rechnungen vor?

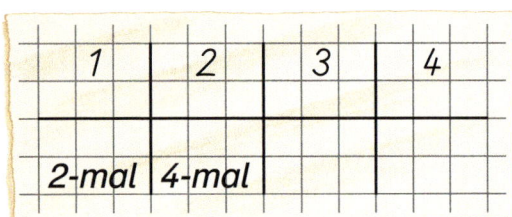

1	2	3	4
2-mal	4-mal		

Wo stehen die Zahlen in der Schildkröte?

⭐ **(4)** Es gibt noch 4 weitere Geschwister.

Verwende wieder 1 2 3 4 5 6 7 8 9

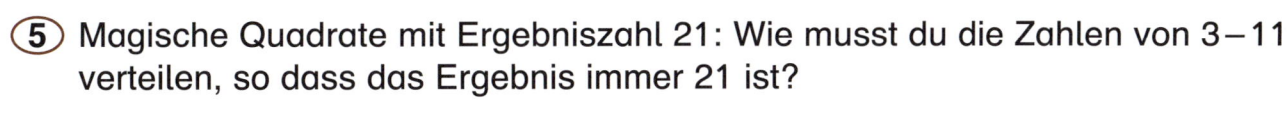

5 Magische Quadrate mit Ergebniszahl 21: Wie musst du die Zahlen von 3–11 verteilen, so dass das Ergebnis immer 21 ist?

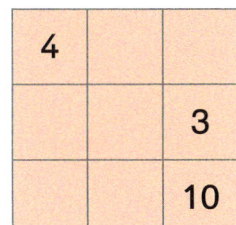

4		
	3	
	10	

6	11	
5		

	10	
	5	

	5	

6 Ergebniszahl 30. Verwende Zahlen von 6–19.

	6	
	14	7

11		7
	6	

	10	
		11

14		

7 Vergleiche bei Aufgabe **4**, **5** und **6** jeweils die Mittelzahl und die Ergebniszahl. Entdeckst du etwas?

Wie heißen die Aufgaben mit dem Ergebnis 18?

 8 Ergebniszahl 18

| 2 | 3 | 4 | 5 | 6 | 7 | 8 | 9 | 10 |

Wie musst du die Kärtchen verteilen, damit das Ergebnis immer 18 ist? Finde verschiedene Möglichkeiten.

9 Ergebniszahl 12

| 0 | 1 | 2 | 3 | 4 | 5 | 6 | 7 | 8 |

10 Denke dir selbst magische Quadrate aus. Wähle eine Ergebniszahl.

11 Baue für deinen Partner Aufgaben wie bei **5** oder **6**.

Auf dem Planeten der Mathener

① Hier sind 3 Mathener. Woran erkennt man sie?
Baue selbst Mathener.

② Diese Figuren wollen Mathener werden.

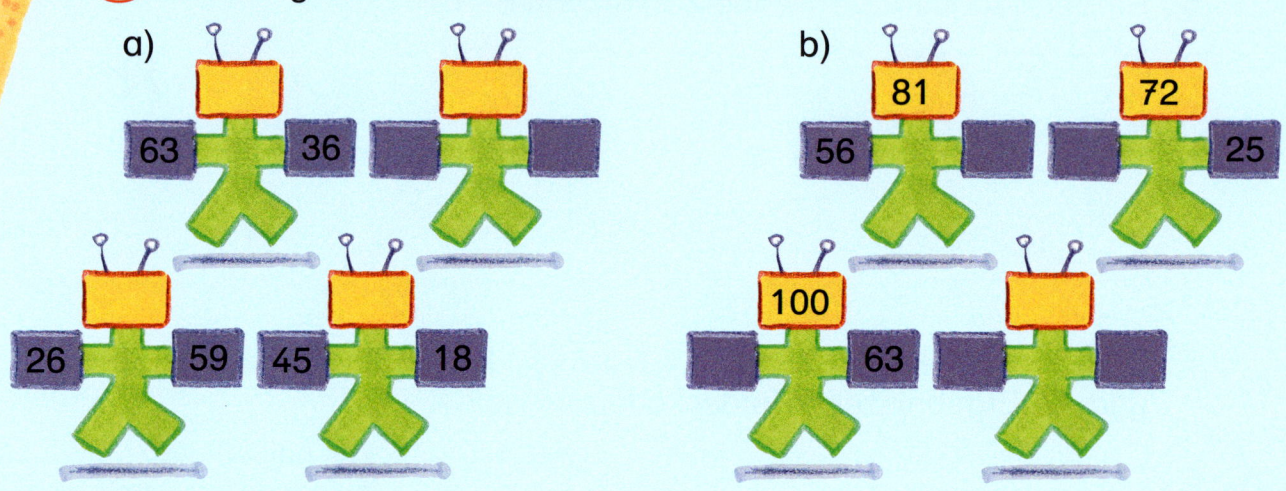

③ Mathenerzwillinge gesucht.

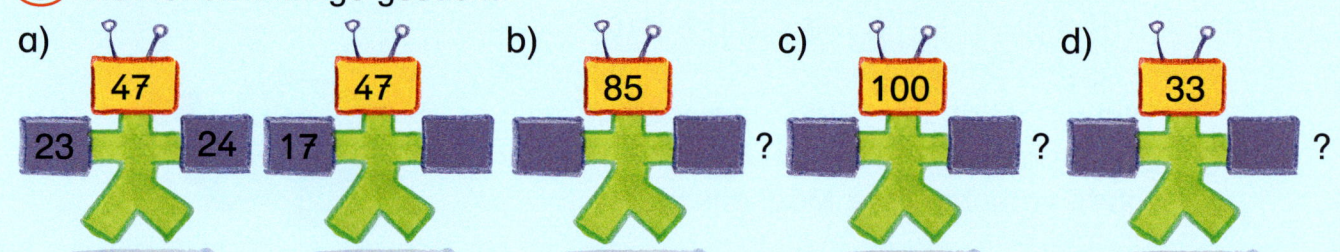

e) Findest du Mathenerdrillinge, -vierlinge, …?

④ Mathener bauen sich jeden Tag wieder neu zusammen.
Der Kopf sieht täglich anders aus.

Montag	Dienstag	Mittwoch	Donnerstag	Freitag
Zehnerzahl	größer als 80	kleiner als 60	ungerade Zahl	Schnapszahl 11, 22, 33, …

a) Baue Mathener für
Montag, Dienstag, …

b) Am Samstag haben Mathener zwei gleiche Hände.
Wie sieht der Kopf aus?

c) Am Sonntag …

5 Ufos der Mathener:
Sie fliegen nur, wenn du sie richtig zusammenbaust.

a) Wie ist der Bauplan?
Achte auf die Zahl im Turm.

10
| 8 | 6 |
| 4 | 2 |

30
| 10 | 25 |
| 5 | 20 |

20
| 14 | 11 |
| 9 | 6 |

100
| 60 | 30 |
| 70 | 40 |

60
| 32 | 19 |
| | 28 |

80
| 35 | |
| 9 | 45 |

87
| 31 | 29 |
| | 56 |

22
| | |
| 56 | |

53

b) Baue die Ufos im Heft fertig. Erfinde weitere Ufos.

6 Mathener haben Haustiere.
Jedes Tier hat auf dem Körper eine Zahl.
In der Zahl steckt der Name.

34

B E R I
2+5+18+9=34

S O F I

...

a) Welche Zahl trägt Sofi?
b) Welche Zahlen tragen KUBIM, LULU, SARA?

A	B	C	D	E	F	G	H	I	J	K	L	M
1	2	3	4	5	6	7	8	9	10	11	12	13

N	O	P	Q	R	S	T	U	V	W	X	Y	Z
14	15	16	17	18	19	20	21	22	23	24	25	26

c) Beri hat Spitznamen. Er hört auch auf FARI.
Findest du noch weitere Spitznamen?

d) Auf welche Namen hören SOFI, KUBIM, LULU, SARA noch?

e) Erfinde weitere Haustiere. Rechne ihre Zahlen aus.
Auf welche Spitznamen hören deine Haustiere?

1 Wie lange dauert es? Schätze die Zeit.

a)  b)  c)  d)

Überprüfe zu Hause, wie lange du brauchst und schreibe auf.

2 Schreibe die gesuchte Uhrzeit auf.

a)

In einer Stunde treffe ich mich mit Max.

b)

In zwei Stunden müssen wir zu Hause sein!

c)

Vor drei Stunden war ich mit Dino draußen.

d)

Vor vier Stunden waren wir noch im Urlaub in Spanien.

3 a) Es ist 7 Uhr. Wie spät ist es in 3 Stunden?
b) Es ist 21 Uhr. Wie spät war es vor 4 Stunden?
c) Es ist 11 Uhr. Wie spät ist es in 5 Stunden?
d) Es ist 0 Uhr. Wie spät war es vor 2 Stunden?
Stelle deinem Partner weitere Aufgaben.

4 Verschiedene Öffnungszeiten. Vergleicht und sprecht darüber.

Spielwaren Pfiffikus	
Mo, Di, Mi, Fr	10-19 Uhr
Do	10-20 Uhr
Sa	10-18 Uhr

Hallenbad	
Öffnungszeiten:	
Mo–Mi	8.00-19.00
Do	14.00-21.00
Sa, So	9.00-17.00

Dr. Johannes Beer Kinderarzt	
Mo, Di	9.00 bis 17.00
Do, Fr	14.00 bis 17.00
und nach Vereinbarung	

a) Wann öffnet das Hallenbad am Dienstag und am Donnerstag?
b) Wie lange ist das Spielwarengeschäft am Montag und wie lange am Samstag geöffnet?
c) Finde weitere Fragen.

5 Zähle die Striche auf dem Ziffernblatt:

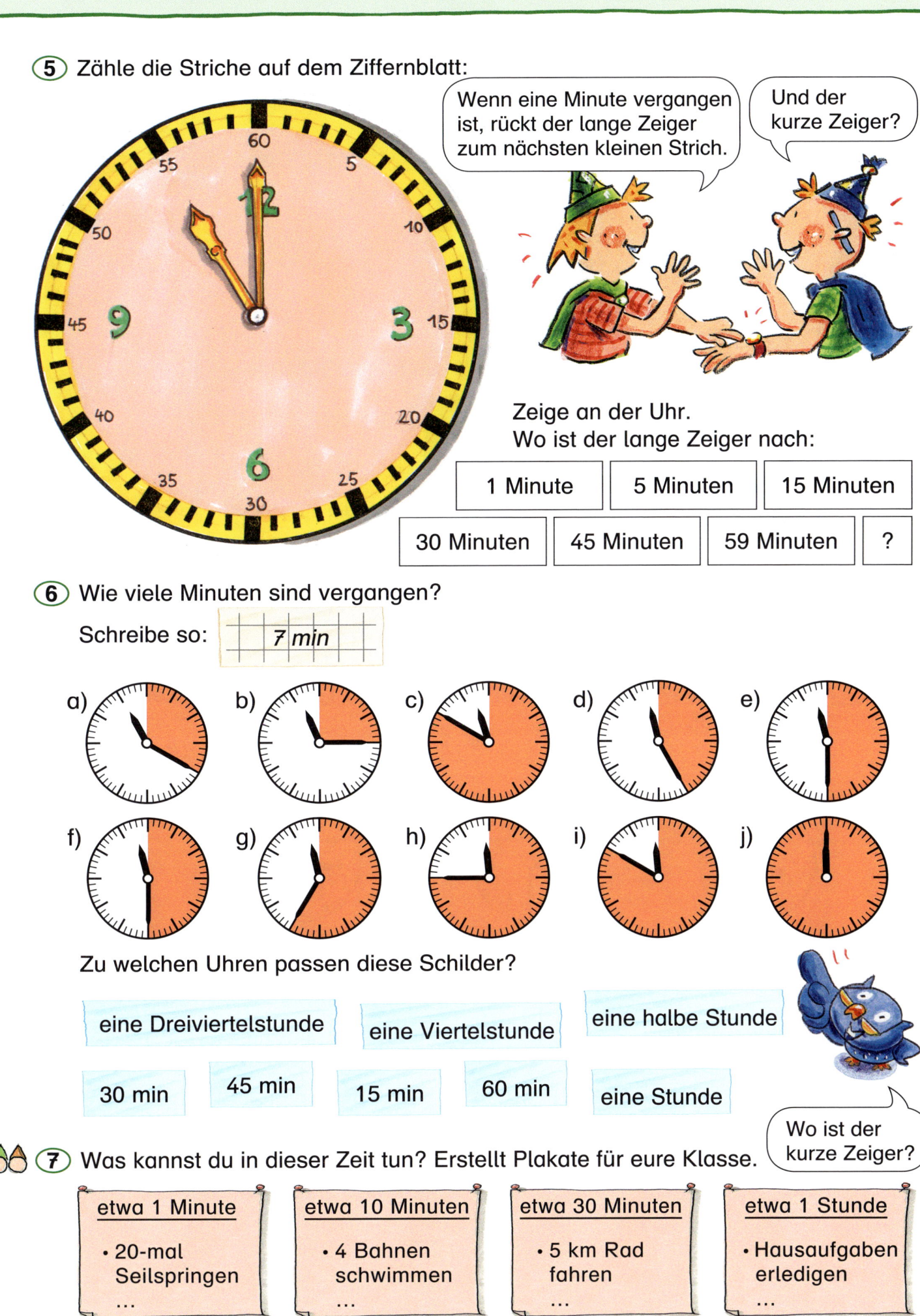

Wenn eine Minute vergangen ist, rückt der lange Zeiger zum nächsten kleinen Strich.

Und der kurze Zeiger?

Zeige an der Uhr.
Wo ist der lange Zeiger nach:

1 Minute	5 Minuten	15 Minuten

30 Minuten	45 Minuten	59 Minuten	?

6 Wie viele Minuten sind vergangen?

Schreibe so: | 7 min |

a) b) c) d) e)

f) g) h) i) j)

Zu welchen Uhren passen diese Schilder?

eine Dreiviertelstunde   eine Viertelstunde   eine halbe Stunde

30 min   45 min   15 min   60 min   eine Stunde

Wo ist der kurze Zeiger?

7 Was kannst du in dieser Zeit tun? Erstellt Plakate für eure Klasse.

etwa 1 Minute	etwa 10 Minuten	etwa 30 Minuten	etwa 1 Stunde
• 20-mal Seilspringen …	• 4 Bahnen schwimmen …	• 5 km Rad fahren …	• Hausaufgaben erledigen …

① Du sprichst die Uhrzeit anders, als du sie schreibst.
Vergleiche Sprech- und Schreibweise.

20.00 Uhr   8.00 Uhr

8.45 Uhr
– Es ist 8 Uhr 45
– viertel vor 9
– drei viertel 9
…

8.15 Uhr
– Es ist 8 Uhr 15
– 15 Minuten nach 8
– viertel nach 8
…

9.00 Uhr
– Es ist 9 Uhr
…

20.45 Uhr
– Es ist 20 Uhr 45
– viertel vor 9
…

20.30 Uhr
– 20 Uhr 30
– halb 9
…

21.00 Uhr
– Es ist 21 Uhr
– Es ist 9 Uhr abends
…

20.15 Uhr
– Es ist 20 Uhr 15
– 15 Minuten nach 8 Uhr
…

② Wie spät ist es? Immer 2 Karten von Aufgabe ① passen zu einer Uhr.
Schreibe auf.

 8.30 Uhr oder 20.30 Uhr

a) 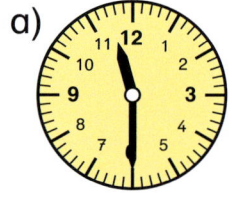   b) 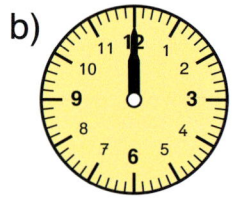   c) 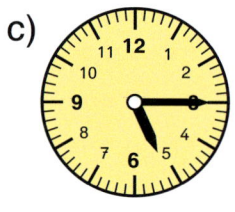   d)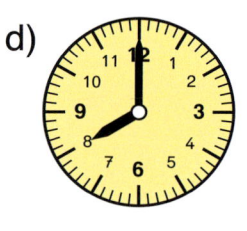

③ Wie spät ist es?

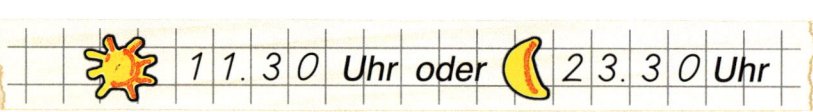 11.30 Uhr oder 23.30 Uhr

a)   b)   c)   d)   e)

④ Lies die Uhrzeiten und stelle deine Lernuhr ein.
a) 8.00 Uhr   17.30 Uhr   10.30 Uhr   1.45 Uhr
13.20 Uhr   22.15 Uhr   7.00 Uhr   0.30 Uhr
b) neun Uhr   vierzehn Uhr   zwanzig Uhr   dreizehn Uhr   zwanzig Uhr
halb zehn   viertel vor zwölf   halb eins   viertel nach zwölf

5 Wie viele Minuten sind vergangen?

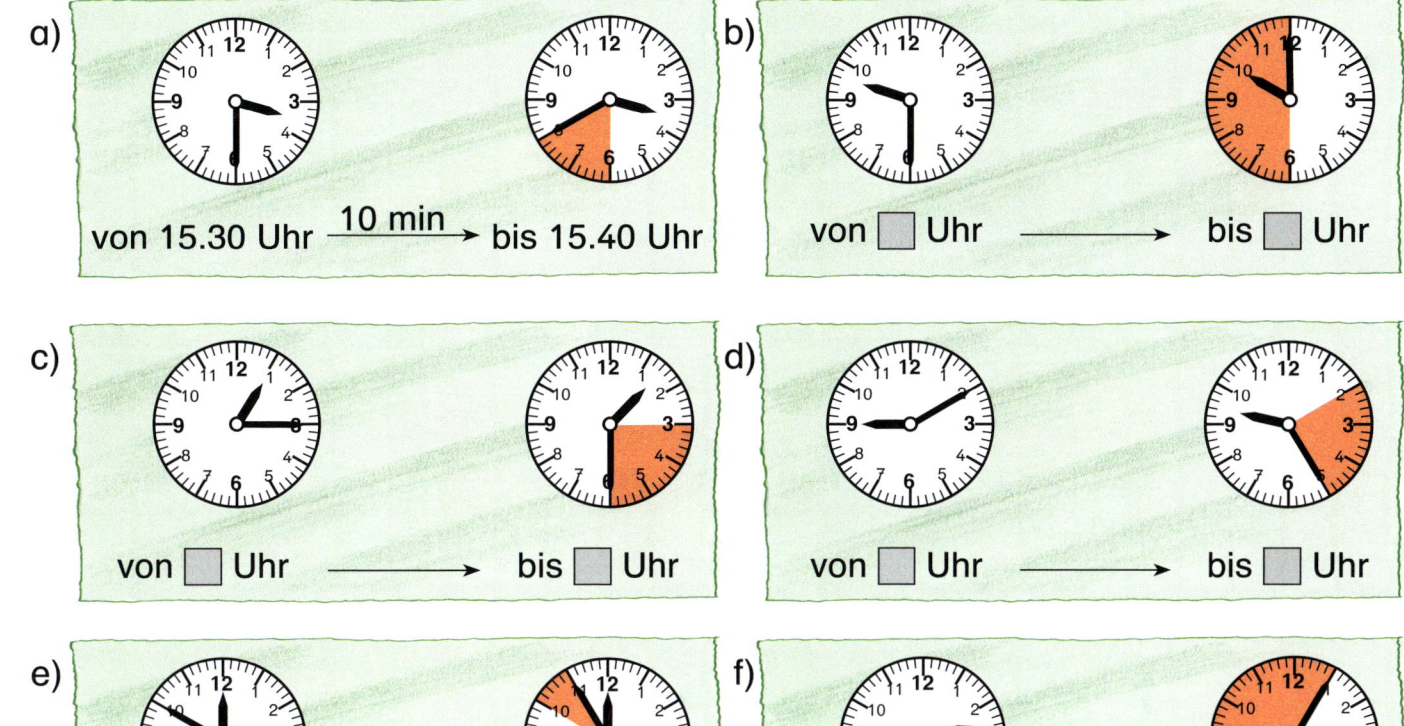

a) von 15.30 Uhr → 10 min → bis 15.40 Uhr

b) von ☐ Uhr ⟶ bis ☐ Uhr

c) von ☐ Uhr ⟶ bis ☐ Uhr

d) von ☐ Uhr ⟶ bis ☐ Uhr

e) von ☐ Uhr ⟶ bis ☐ Uhr

f) von ☐ Uhr ⟶ bis ☐ Uhr

6 Wann beginnen diese Sendungen?
Stelle die Zeiten auf deiner Lernuhr ein.

a) Löwenzahn   b) ReläXX   c) Hexe Lilli
d) Unser Sandmännchen   e) ?

7 Wie lange dauern diese Sendungen?

a) Pippi   b) Schloss Einstein
c) Löwenzahn   d) ?

8 Peter darf sich zwischen 15 Uhr und 18 Uhr
eine Sendung aussuchen.
Welche Sendungen kommen in Frage?

9 Du darfst 1 Stunde fernsehen. Wähle aus.

10 Wie lange dauert die längste, wie lange
die kürzeste Sendung?

Kinderkanal	
12.15	Tutenstein
13.00	Alice im Wunderland
13.50	Pippi
14.35	1, 2 oder 3
15.00	Tigerentenclub
16.25	Yakari
16.50	Schloss Einstein
17.15	Löwenzahn
17.40	ReläXX
18.00	Die Meeresprinzessin
18.25	Hexe Lilli
18.50	Unser Sandmännchen
19.00	Logo Nachrichten

①

Dagobert hat einige Taler im Beutel.

Er bezahlt 14 Taler.

Nun hat er noch 20 Taler.

$$\square \quad - \quad 14 \quad = \quad 20$$

a) Vergleiche Texte, Bilder und Rechnung.
   Warum steht der Platzhalter am Anfang?
b) Schreibe eine Rechenfrage auf.
c) Löse die Aufgabe.

② Schreibe eine Rechenfrage auf.
   Wo steht in der Rechnung der Platzhalter? Rechne.

Dagobert hat Geld unter dem Kissen versteckt.

Am nächsten Tag legt er 25 Taler dazu.

Jetzt hat er 48 Taler unter dem Kissen.

Dagobert hat 43 Taler im Beutel.

Er bekommt Geld dazu.

Jetzt hat er 91 Taler.

③ Wie heißt die Rechenfrage?
Wo steht in der Rechnung der Platzhalter? Rechne.

a)
Dagobert hat in seinem Garten Geld vergraben.

Donalds Hund buddelt 27 Taler aus.

Jetzt sind noch insgesamt 64 Taler vergraben.

b)
Dagobert hat einige Taler im Beutel.

Er gewinnt beim Enten-Lotto 45 Taler.

Jetzt hat er 77 Taler im Beutel.

c)
Dagobert hat 56 Taler in seiner Manteltasche.

Leider hat die Tasche ein kleines Loch.

Als er das Geld herausholen will, sind nur noch 15 Taler da.

d)
Dagobert hat 76 Taler.

Donald zahlt ihm Schulden zurück.

Jetzt hat Dagobert 98 Taler.

e)
Dagobert zählt das Geld in seinem Beutel.

Er gibt 15 Taler dazu.

Nun sind es genau 100 Taler.

④ Diese Tipps können dir beim Lösen helfen.

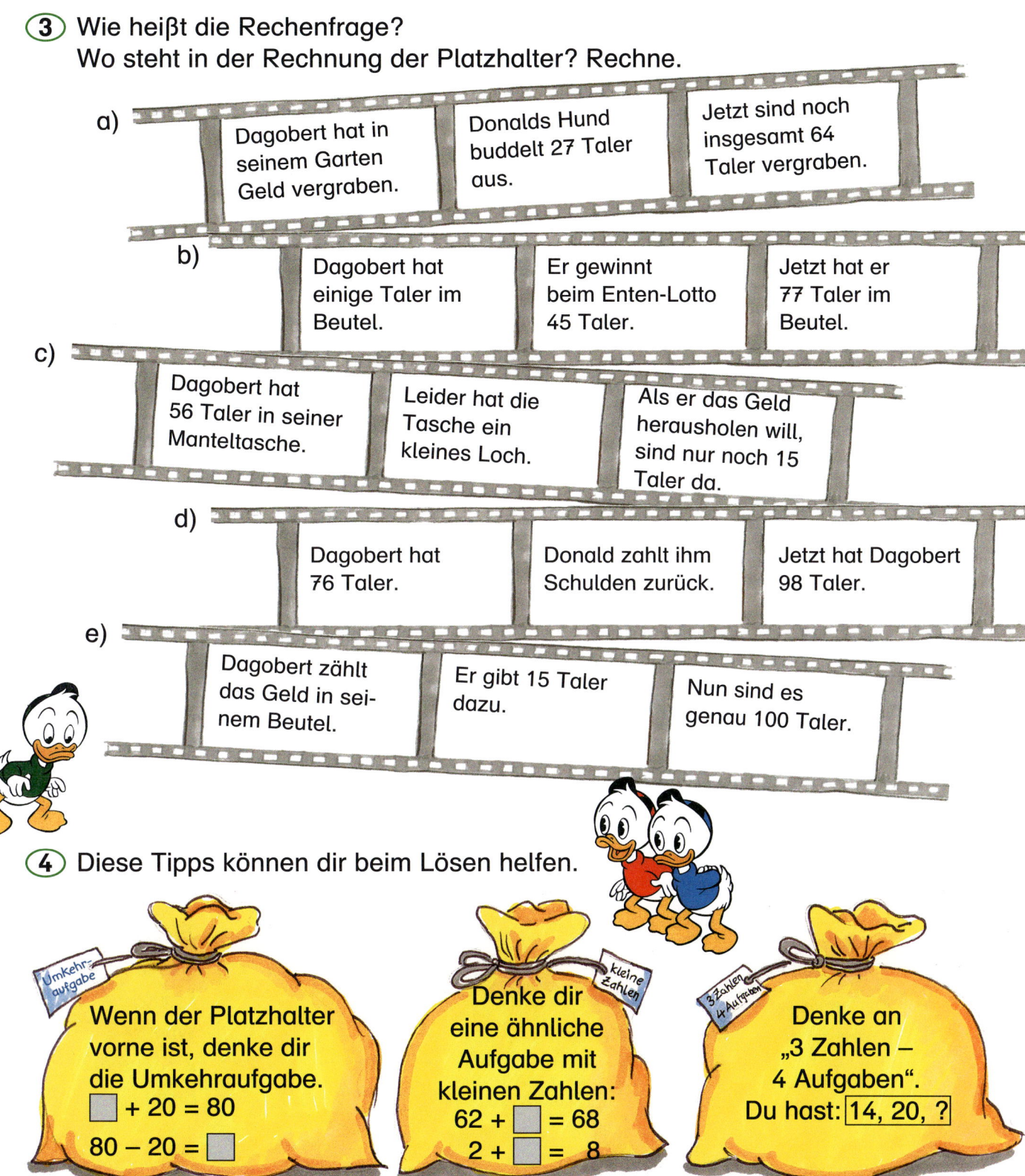

Umkehraufgabe

Wenn der Platzhalter vorne ist, denke dir die Umkehraufgabe.
☐ + 20 = 80
80 − 20 = ☐

kleine Zahlen

Denke dir eine ähnliche Aufgabe mit kleinen Zahlen:
62 + ☐ = 68
2 + ☐ = 8

3 Zahlen 4 Aufgaben

Denke an „3 Zahlen – 4 Aufgaben".
Du hast: 14, 20, ?

Überlege dir Geschichten zu diesen Aufgaben.
Kannst du die Rechnungen lösen?

a) ☐ + 13 = 32
☐ + 35 = 89
☐ + 24 = 77

b) ☐ − 18 = 70
☐ − 56 = 25
☐ − 31 = 59

c) 30 − ☐ = 11
65 − ☐ = 23
58 − ☐ = 29

d) 58 + ☐ = 74
48 + ☐ = 100
36 + ☐ = 53

⑤ Wer schreibt die schönste Dagobert-Geschichte?

Speisekarte

Frischer Brennnesselsalat	7,00 €
Gegrillte Krähenfüße	5,00 €
Saure Würmer	4,50 €
Brotsuppe	3,00 €
Kräutertee	1,50 €
Pfefferminzwein	2,00 €
Zaubertopf Spezial	9,00 €

① Spielt in eurem Klassenzimmer „Zauberküche".
Ihr braucht: Spielgeld, Bestellblöcke,
Bedienungen und Gäste.

Bestellt bei der Bedienung – am Schluss wird bezahlt.

② Wie hoch war die Rechnung an jedem Tisch? Rechne.

Tisch 1	Tisch 2	Tisch 3	Tisch 4
Zaubertopf	2 Pfefferminzwein	4 Pfefferminzwein	Pfefferminzwein
Pfefferminzwein	2 Brennnesselsalat	Kräutertee	Kräutertee
Krähenfüße	2 Zaubertopf	Würmer	Würmer
		4 Brotsuppe	2 Krähenfüße
			Brotsuppe

③ Wo wurde falsch gerechnet? Rechne nach.

Tisch 5	Tisch 6	Tisch 7	Tisch 8
Brennnesselsalat	2 Würmer	5 Brennnesselsalat	Krähenfüße
Zaubertopf	2 Kräutertee	5 Zaubertopf	Brotsuppe
Pfefferminzwein		4 Kräutertee	Zaubertopf
Kräutertee			3 Pfefferminzwein
18,50 €	12 €	86 €	25 €

4 Wie hoch ist das Rückgeld? Schreibe auf.

	Rechnung	gegeben	zurück
a)	28,50 €	40 €	
b)	21 €	30 €	
c)	18 €	50 €	
d)	39,50 €	50 €	
e)	32 €	50 €	
f)	87,50 €	100 €	

5 Falsches Rückgeld. Wo wurde falsch zurückgegeben? Kontrolliere nach.

a) Rechnung: 15,50 €
 gegeben:  zurück:

b) Rechnung: 24,50 €
 gegeben:  zurück:

c) Rechnung: 36,50 €
 gegeben:  zurück:

d) Rechnung: 35,50 €
 gegeben:  zurück:

6 Der gierige Zauberer „Nimmersatt" isst und trinkt alles auf der Speisekarte. Wie viel muss er bezahlen?

7 Schnapszahlaktion!

Wer für 11 €, 22 €, 33 €, 44 €, … isst und trinkt, muss nicht bezahlen! Was könntest du umsonst essen oder trinken?

129

①

Das ist die Spiegelachse.

Nimm ein Blatt Papier und falte es auf die Mitte.
Male die Figuren auf, schneide sie bis zur
Faltlinie(Symmetrieachse) aus
und klappe sie nach unten.
Zeichne weitere Figuren und spiegele sie.

②

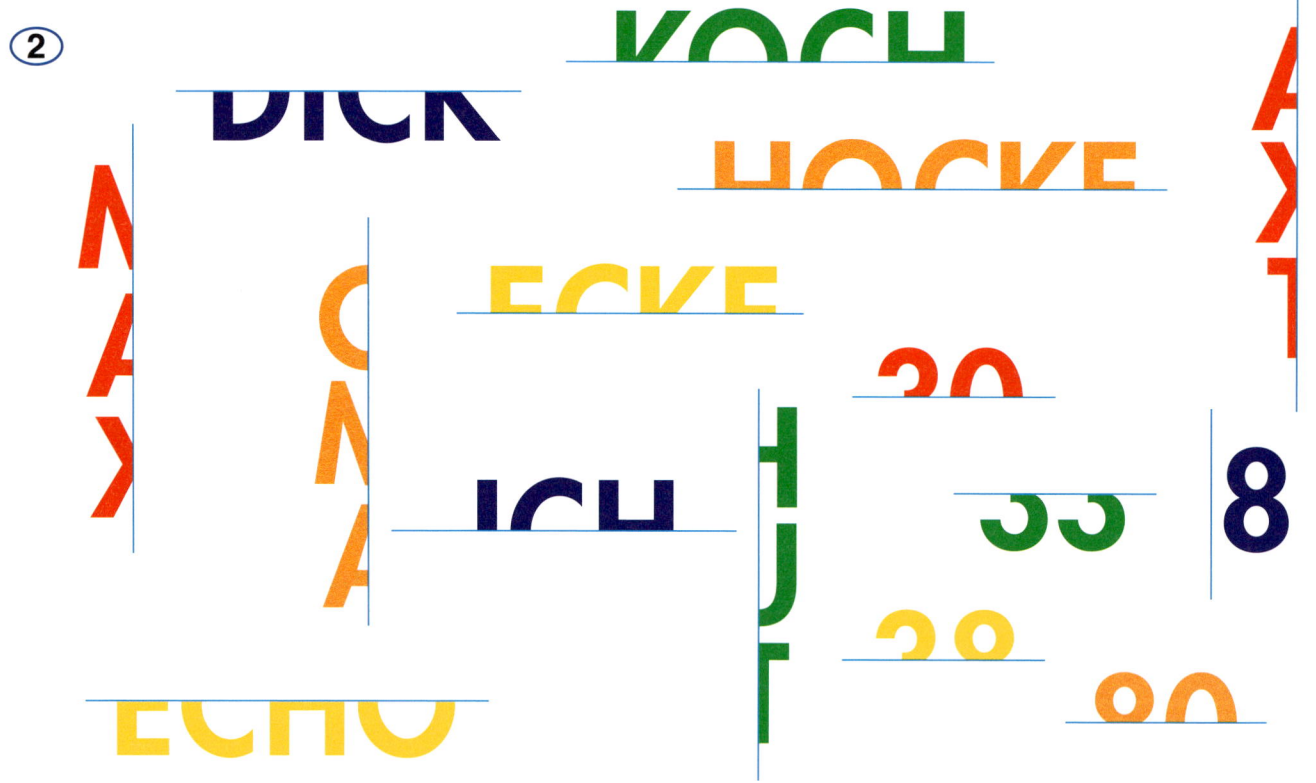

Stelle einen Spiegel jeweils auf die blaue Linie. Was erkennst du?
Schreibe auf.

③ Finde weitere Buchstaben oder Wörter, die du spiegeln kannst.
Schreibe sie in dein Geoheft.

130

Man kann auch am Geobrett symmetrische Figuren herstellen.

Du spannst, ich zeichne

Immer zuerst die Symmetrieachse spannen und auch zeichnen.

④ Spanne die Figuren und ihr Spiegelbild.
Zeichne in dein Heft. Prüfe mit dem Spiegel.

⑤ Nun ist die Brettkante Spiegelachse.
Spanne die Figur. Dein Partner spannt das Spiegelbild und legt sein Brett mit der Figur als Spiegelbild an. Zeichne in dein Heft.

⑥ Wie sieht die 2. Hälfte aus? Übertrage in dein Heft und ergänze.

1 Welches Haustier ist am beliebtesten?
Das Schaubild zeigt die Ergebnisse der Umfrage der Klasse 2a.

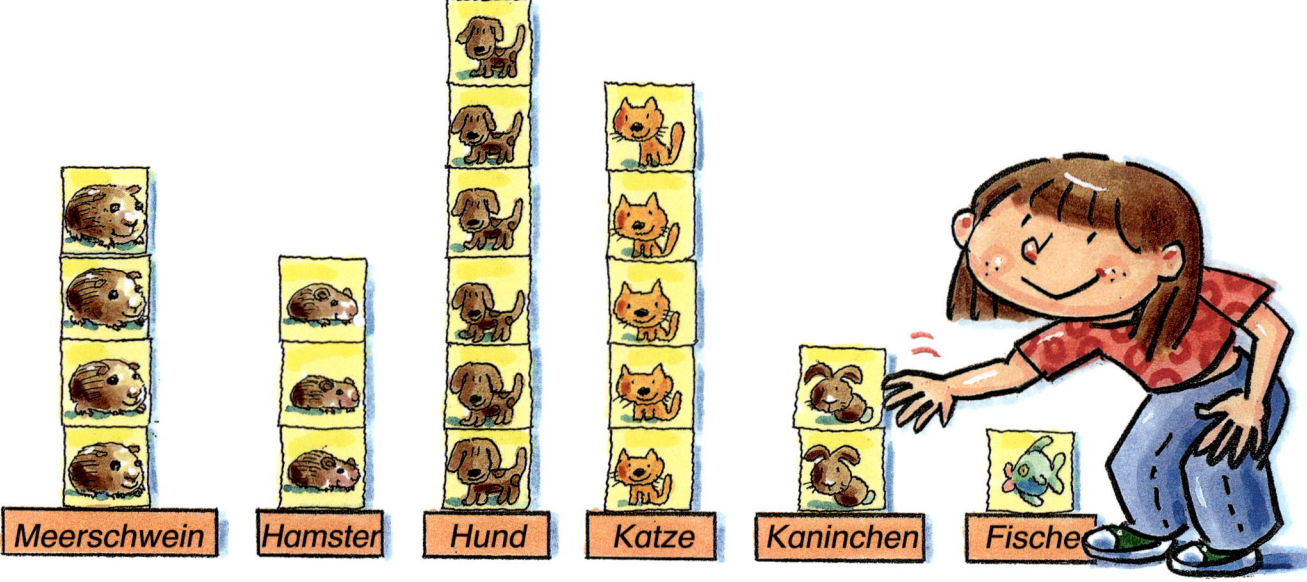

a) Sieh dir das Schaubild an. Erzähle.

b) Welches Haustier ist am beliebtesten?
Welches Haustier wird am wenigsten genannt?

c) Wie viele Kinder haben das Meerschweinchen,
den Hamster, … genannt?

d) Wie viele Kinder der Klasse 2a haben bei der Umfrage mitgemacht?

2 Macht diese Umfrage in eurer Klasse.
Erstellt ein Schaubild an der Tafel.

3 Die Klasse 2b hat ihre Ergebnisse der Umfrage so notiert:

Hamster	Hund	Katze	Maus	Vogel	Ratte	Meerschweinchen
IIII	HHT II	HHT III	II	I	II	III

Zeichne zur Strichliste ein Schaubild.

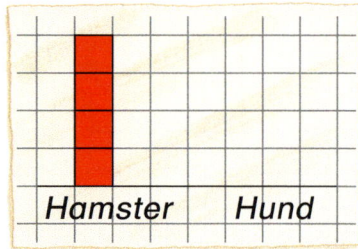

Zeichne für
jedes Tier
1 Kästchen.

4 Zeichne das Schaubild zu eurer Umfrage ins Heft.

5 Vergleicht die Schaubilder von **1**, **3** und **4**. In welcher Klasse ist der Hund
am beliebtesten? Werden Tiere nicht genannt?

6 Wie lange leben Haustiere?

Tier	Lebenserwartung in Jahren
Hund	10–12
Katze	10–14
Kaninchen	5–10
Meerschweinchen	6–8
Goldhamster	2–3
Maus	2–3
Papagei	50
Wellensittich	10–15
Kanarienvogel	10

Beantworte die Fragen mit den Informationen aus der Tabelle.

a) Welches Tier wird am ältesten?

b) Welche Tiere können älter als 10 Jahre werden?

c) Welche Tiere leben weniger als 5 Jahre?

d) Was kannst du noch aus der Tabelle ablesen?

7 Hundeleben

a) Eine Tabelle hilft dir beim Umrechnen.

Hundejahre	Menschenjahre
1	7
2	1 4
3	...
4	...

Wenn ein Hund 1 Jahr alt ist, dann entspricht das 7 Menschenjahren.

b) Überlegt zum Spaß:
   Wenn ein Hund wie ein Mensch leben würde,
   ... könnte er schon mit ☐ Jahren zur Schule gehen.
   ... könnte er schon mit ☐ Jahren Auto fahren.
   ... könnte er ...

8 So lange schlafen Tiere.

Kaninchen schlafen 9 Stunden, Katzen 4 Stunden länger.
Der Hund schläft 2 Stunden weniger als die Katze.
Am wenigsten Schlaf braucht das Pferd, nämlich 3 Stunden.
Das Meerschweinchen schläft 8 Stunden,
der Goldhamster 14 Stunden. Jeweils 1 Stunde weniger als der
Goldhamster brauchen Maus und Ratte.

a) Erstelle eine Tabelle zur Schlafdauer und zeichne ein Schaubild.

b) Vergleiche: Welche Tiere schlafen ...
   – am längsten?
   – am wenigsten?
   – gleich lang?

Und wie lange schläfst du?

Tier	Schlafdauer
Kaninchen	9 Std.
...	

1 Spielt Rechenquiz wie Simsala und Bim.

In der 1. Runde muss jedes Kind oder jede Gruppe
ein einfaches Rechenrätsel lösen.
In der 2. Runde gibt es ein schwierigeres Rätsel.
In der 3. Runde ist ein superschwieriges Rechenrätsel zu knacken.
Für jede richtige Lösung gibt es Punkte.

Wie viele Punkte schaffst du?

1. Runde: einfache Rätsel (1 Punkt)

$45 : 5 = \square$

b) Ich denke mir die Zahl 5 und nehme sie mal 4.

c) Ich denke mir die Zahl 23 und verdopple sie.

a) Ich denke mir die Zahl 45 und teile sie durch 5.

d) Ich denke mir die Zahl 48 und gebe 13 dazu.

e) Ich denke mir die Zahl 70 und teile sie durch 7.

f) Ich denke mir die Zahl 65 und ziehe 22 ab.

g) Ich denke mir die Zahl 16 und teile sie durch 4.

h) Ich denke mir die Zahl 37 und gebe 26 dazu.

i) Ich denke mir die Zahl 50 und halbiere sie.

j) Ich denke mir die Zahl 36 und ziehe 7 ab.

k) Ich denke mir die Zahl 0 und nehme sie mal 100.

6 61 9 20 63 0 10 43 4 29 25

2. Runde: schwierige Rätsel (2 Punkte)

a) Ich denke mir die Zahl 80 und teile sie durch 10. Nun nehme ich das Ergebnis mal 5.

b) Ich denke mir die Zahl 48. Nun ziehe ich 24 davon ab und teile das Ergebnis durch 2.

c) Ich denke mir die Zahl 6 und nehme sie mal 10. Nun gebe ich das Doppelte von 20 dazu.

d) Ich denke mir die Zahl 30, verdopple sie und ziehe 15 davon ab.

e) Ich nehme die Hälfte von 100 und teile das Ergebnis durch 5.

f) Ich denke mir die Zahl 40 und zähle 25 dazu. Nun ziehe ich 55 davon ab.

g) Ich denke mir die Zahl 44. Nehme sie mal 0 und zähle 26 dazu.

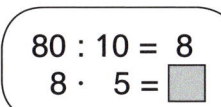

$80 : 10 = 8$
$8 \cdot 5 = \square$

10   45   100   12   40   10   26

3. Runde: superschwierige Rätsel (3 Punkte)

b) Ich denke mir eine Zahl. Wenn ich 12 dazugebe, erhalte ich 50.

c) Ich denke mir eine Zahl. Wenn ich sie verdopple, erhalte ich 24.

a) Ich denke mir eine Zahl. Wenn ich 7 abziehe, erhalte ich 28.

$\square - 7 = 28$

d) Ich denke mir eine Zahl. Wenn ich sie mal 5 nehme, erhalte ich 35.

e) Ich denke mir eine Zahl. Wenn ich sie mal 10 nehme, erhalte ich 90.

f) Ich denke mir eine Zahl. Wenn ich sie mal 3 nehme, erhalte ich die Hälfte von 30.

g) Ich denke mir eine Zahl. Wenn ich sie halbiere, erhalte ich 45.

38   9   35   7   90   12   5

 ② Denkt euch weitere Rechenrätsel für die verschiedenen Runden aus.

Die 25 Kinder der Klasse 2 c möchten ein Abschlussfest feiern.
Sie treffen viele Vorbereitungen.

Ich brauche 3 Einladungskarten.

Und ich zwei.

Einladungen pro Kind	1	2	3	4
Kinder	IIII III	IIII IIII	IIII I	I

1 a) Wie viele Einladungskarten müssen insgesamt gebastelt werden?
   b) Die Kinder teilen die Arbeit gerecht auf.
      Wie viele Karten muss jedes Kind basteln?

2 Es kommen 80 Gäste.
   Bänke und Tische werden vom Sportverein ausgeliehen.
   Auf einer Bank können 5 Personen sitzen. Zu jedem Tisch gehören 2 Bänke.

   a) Wie viele Tische und Bänke werden für die Gäste benötigt?
   b) Wie viele Tische und Bänke brauchen die Kinder für sich selbst?
   c) Zusätzlich braucht die Klasse 1 Tisch für den Getränkeverkauf,
      1 Tisch für das Essen und 3 Tische für Spiele.
      Wie viele Tische und Bänke müssen insgesamt ausgeliehen werden?

 3 Eine Gruppe überlegt, wie viel Essen und Getränke kosten:

Kasten Wasser	Preis		Kasten Saft	Preis		Belegte Brötchen	Preis
1	3,50 €		1	8,50 €		10	7 €
2	....		2	...		20	...
3	...		3	...		30	....
4	...		4	...		40	...
5	..		5	..		50	..

   a) Wie viele Kästen Getränke und wie viele belegte Brötchen sollten die Kinder
      für sich und die 80 Gäste einkaufen? Überlegt gemeinsam.
   b) Wie viel Geld kostet dann der Einkauf?

4 Die Schüler wollen den Gästen einen Zirkus vorführen.
So lange dauern die einzelnen Beiträge:

Programm	
Simsalabim-Song	3 min
Seiltanz	4 min
Clown	3 min
Schlangen-beschwörung	2 min
Artisten	5 min
Jongleur	5 min
Pferdetanz	4 min
Zauberer	3 min
Verabschiedung	2 min

a) Wie lange dauern die Beiträge zusammen?

b) Wie lange dauert die Vorführung insgesamt?
Nach jedem Programmpunkt muss noch 1 Minute für Applaus und Umbau eingerechnet werden.

5 Am Buffet

Preise

1 Fl. Mineralwasser	0,50 €
1 Fl. Orangensaft	2 €
1 Fl. Apfelsaft	1,50 €
1 belegtes Brötchen	1,50 €

Nach 1 Stunde waren bereits verkauft:

Wasser ͱͱͱ ͱͱͱ ͱͱͱ ͱͱͱ ͱͱͱ ͱͱͱ ͱͱͱ ͱͱͱ ͱͱ
O-Saft ͱͱͱ ͱͱͱ ͱͱͱ ͱͱͱ ͱ
A-Saft ͱͱͱ ͱͱͱ ͱͱͱ ͱͱͱ
bel. Brötchen ͱͱͱ ͱͱͱ ͱͱͱ ͱͱͱ ͱͱͱ ͱͱͱ ͱͱͱ ͱͱͱ ͱͱͱ ͱͱͱ ͱͱͱ ͱͱͱ ͱͱͱ ͱͱͱ ͱͱͱ ͱͱͱ ͱͱͱ

6 Lustige Spiele

a)

Beim Eierlauf starten 3 Kinder gleichzeitig. 17 Kinder stehen an. Wie lange müssen die letzten Kinder warten, wenn jeder Lauf 3 Minuten dauert?

b)

Für das Schokoladenspiel hat die Lehrerin 8 Tafeln gekauft. Es können jedes Mal 5 Kinder mitspielen. Wie viele Kinder können insgesamt spielen?

c)

Jedes Kind hat 3 Würfe. Welche Büchsen müssen umfallen, damit 50, 85 oder 105 Punkte erreicht werden? Schreibt auf.

d) Erfinde selbst noch weitere Rechengeschichten.

Wie viele Punkte hast du, wenn alle Büchsen um- gefallen sind?

Schöne Ferien!

① Schreibe die Zahlen auf:

a) 7 Z 9 E   b) 5 Z 4 E   c) 8 E 7 Z
   3 Z 5 E   4 Z 5 E   2 E 6 Z
   9 Z 1 E   8 Z 0 E   1 E 4 Z

② Setze die Zahlenfolgen fort:

a) 29, 32, 35, … 50   b) 8, 20, 32, … 92

c) 73, 69, 65, … 45   d) 100, 93, 86, … 51

③ >, <, = ?

a)

87 ◯ 78

90 ◯ 9 Z

36 ◯ 63

b)

4 E 2 Z ◯ 42

7 Z 4 E ◯ 47

6 E 0 Z ◯ 60

c)

41 + 6 ◯ 46

100 − 35 ◯ 65

94 − 2 ◯ 96

④

a) 35 + 6 = ☐
   35 + 60 = ☐
   67 + 3 = ☐
   67 + 30 = ☐

b) 48 + 42 = ☐
   48 + 24 = ☐
   56 + 43 = ☐
   56 + 34 = ☐

c) 99 − 7 = ☐
   99 − 70 = ☐
   85 − 6 = ☐
   85 − 60 = ☐

d) 100 − 81 = ☐
   100 − 18 = ☐
   76 − 27 = ☐
   76 − 72 = ☐

⑤

a) 100 − 11 = ☐
   90 − 12 = ☐
   80 − 13 = ☐
   70 − 14 = ☐
   …

b) 88 + 6 = ☐
   78 + 16 = ☐
   68 + 26 = ☐
   58 + 36 = ☐
   …

⑥ a) Simsala steht an einem Mittwoch um 12.30 Uhr vor der Zauberhöhle. Kann sie hinein?

b) An einem Freitag schließt Bim die Höhle ab. Wie spät ist es dann?

Zauber-Höhle

täglich ab 9.30 Uhr geöffnet

Mo - Do
5 Stunden

Fr. u. Sa.
6 Std. 30 min

So.
8 Stunden

c) Simsala und Bim verlassen die Höhle an einem Sonntag eine Stunde bevor sie verschlossen wird. Wie spät ist es?

7 3 Zahlen – 4 Aufgaben

2, 8, 16   6, 5, 30   9, 10, ☐   5, 7, ☐   2, ☐, 14

8 a) 10 · 10 = ☐   b) 2 · 1 = ☐   c) 10 · 5 = ☐   d) 10 · 1 = ☐
    9 · 9 = ☐   2 · 2 = ☐   9 · 5 = ☐   10 · 2 = ☐
    8 · 8 = ☐   2 · 3 = ☐   8 · 5 = ☐   10 · 3 = ☐
    7 · 7 = ☐   2 · 4 = ☐   7 · 5 = ☐   10 · 4 = ☐
    ...   .

9 a)

5 · 8	2 · 8
7 · 8	8 · 8
4 · 8	9 · 8

b)

2 · 7	3 · 7	5 · 7
6 · 7	7 · 7	4 · 7
8 · 7	9 · 7	10 · 7

c)

9 · 9	2 · 9
5 · 9	6 · 9
4 · 9	7 · 9

10 a) 16 : 4 = ☐   b) 20 : 5 = ☐   c) 4 : 2 = ☐   d) 18 : 2 = ☐
    36 : 6 = ☐   40 : 5 = ☐   9 : 3 = ☐   18 : 9 = ☐
    81 : 9 = ☐   25 : 5 = ☐   49 : 7 = ☐   14 : 2 = ☐
    25 : 5 = ☐   50 : 5 = ☐   64 : 8 = ☐   14 : 7 = ☐
  100 : 10 = ☐   15 : 5 = ☐   10 : 10 = ☐   12 : 2 = ☐
    1 : 1 = ☐   30 : 5 = ☐   10 : 2 = ☐   12 : 6 = ☐

12 Setze +, −, · oder : richtig ein.

a) 8 ◯ 2 = 4 ◯ 4   b) 40 ◯ 4 = 6 ◯ 6
   5 ◯ 4 = 3 ◯ 3   80 ◯ 1 = 9 ◯ 9
   9 ◯ 10 = 100 ◯ 10   10 ◯ 2 = 4 ◯ 1
  14 ◯ 2 = 10 ◯ 3   100 ◯ 10 = 20 ◯ 2
   5 ◯ 6 = 25 ◯ 5   50 ◯ 5 = 40 ◯ 5

11

14	☐	12
13	☐	17
☐	☐	16

Bis bald!

13 Verdopple meine Zahl, dann erhältst du 94.

Rechen-Kicker – $+$, $-$, $\odot$, $\div$
(2 Spieler)

Viel Spaß!

48

9   3   29   1

26   8   25   14

2   5   12   23

10   0   4   11

72

Du benötigst:
rote und blaue Plättchen

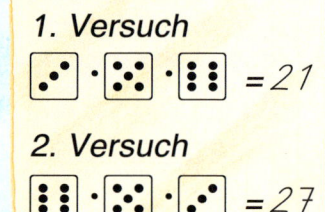

Spielregel:
Es wird reihum mit drei Würfeln gewürfelt.
Rechnet die gewürfelten Zahlen so zusammen,
dass ihr eine Spielfeldzahl erreicht.
Legt ein Plättchen auf die Zahl.
Fällt das Ergebnis auf eine Torzahl, darfst du
noch einmal würfeln.
Bei einem Fehlpass (Rechenfehler) ist die
gegnerische Mannschaft wieder an der Reihe.
Gewonnen hat, wer die meisten Spielfeldzahlen belegt hat.

1. Versuch
⚃ · ⚄ · ⚅ = 21

2. Versuch
⚅ · ⚄ · ⚁ = 27

3. Versuch
⚅ · ⚄ · ⚄ = 10

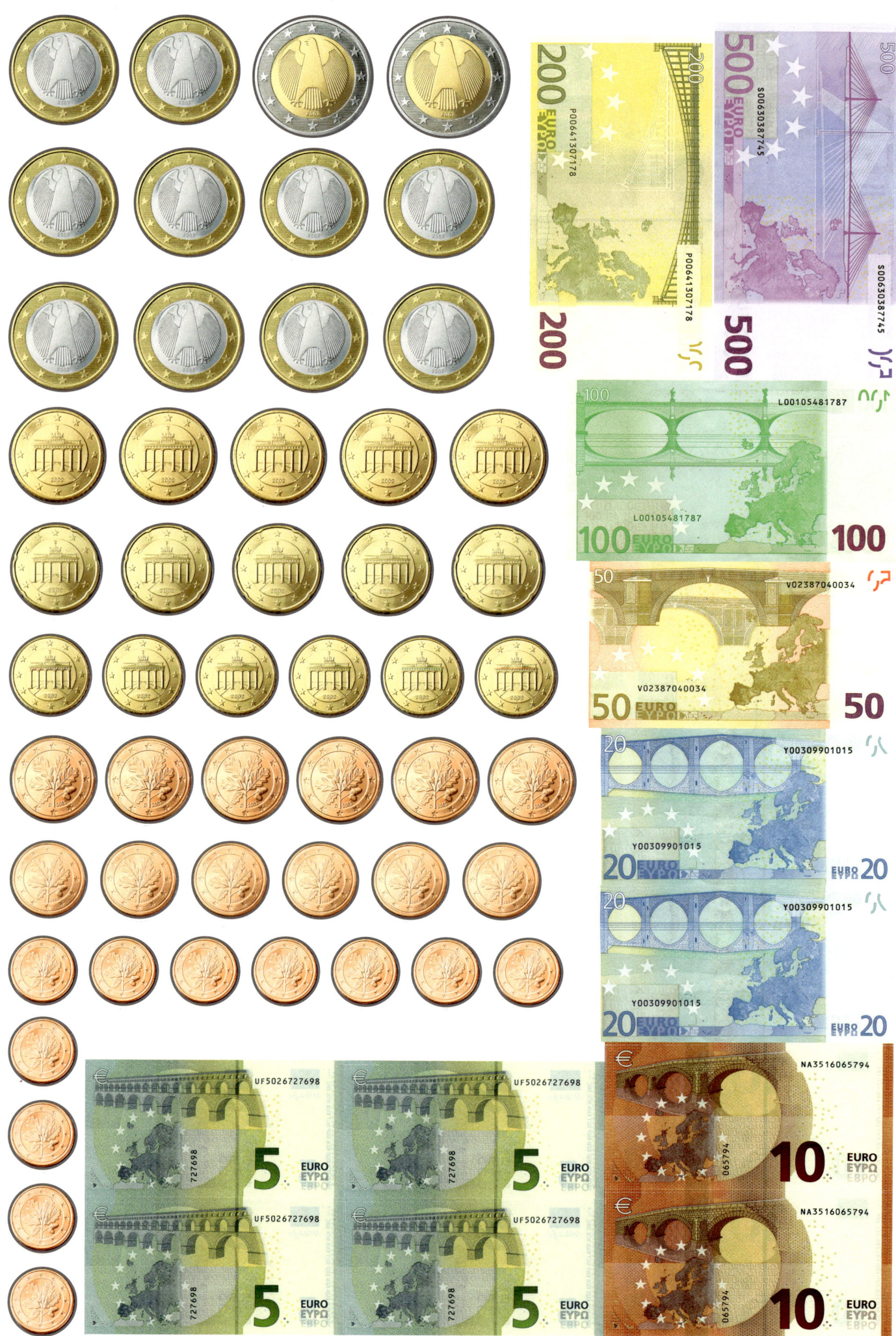

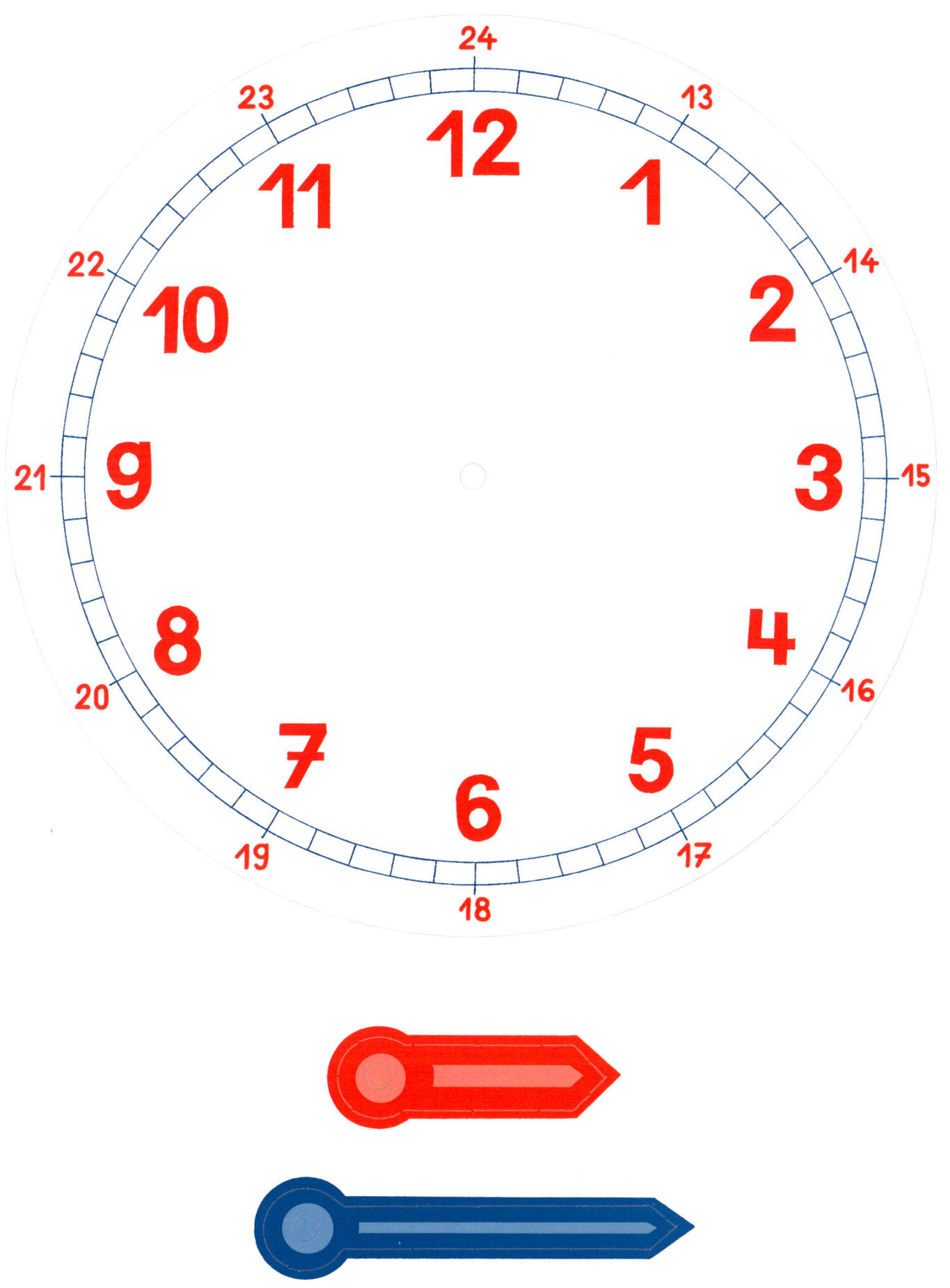

BL000061

1	2	3	4	5	6	7	8	9	10
11	12	13	14	15	16	17	18	19	20
21	22	23	24	25	26	27	28	29	30
31	32	33	34	35	36	37	38	39	40
41	42	43	44	45	46	47	48	49	50
51	52	53	54	55	56	57	58	59	60
61	62	63	64	65	66	67	68	69	70
71	72	73	74	75	76	77	78	79	80
81	82	83	84	85	86	87	88	89	90
91	92	93	94	95	96	97	98	99	100

Hundertertafel mit Abdeckwinkel

BL000006   © 2014 Oldenbourg Schulbuchverlag GmbH

Hunderterfeld mit Abdeckwinkel

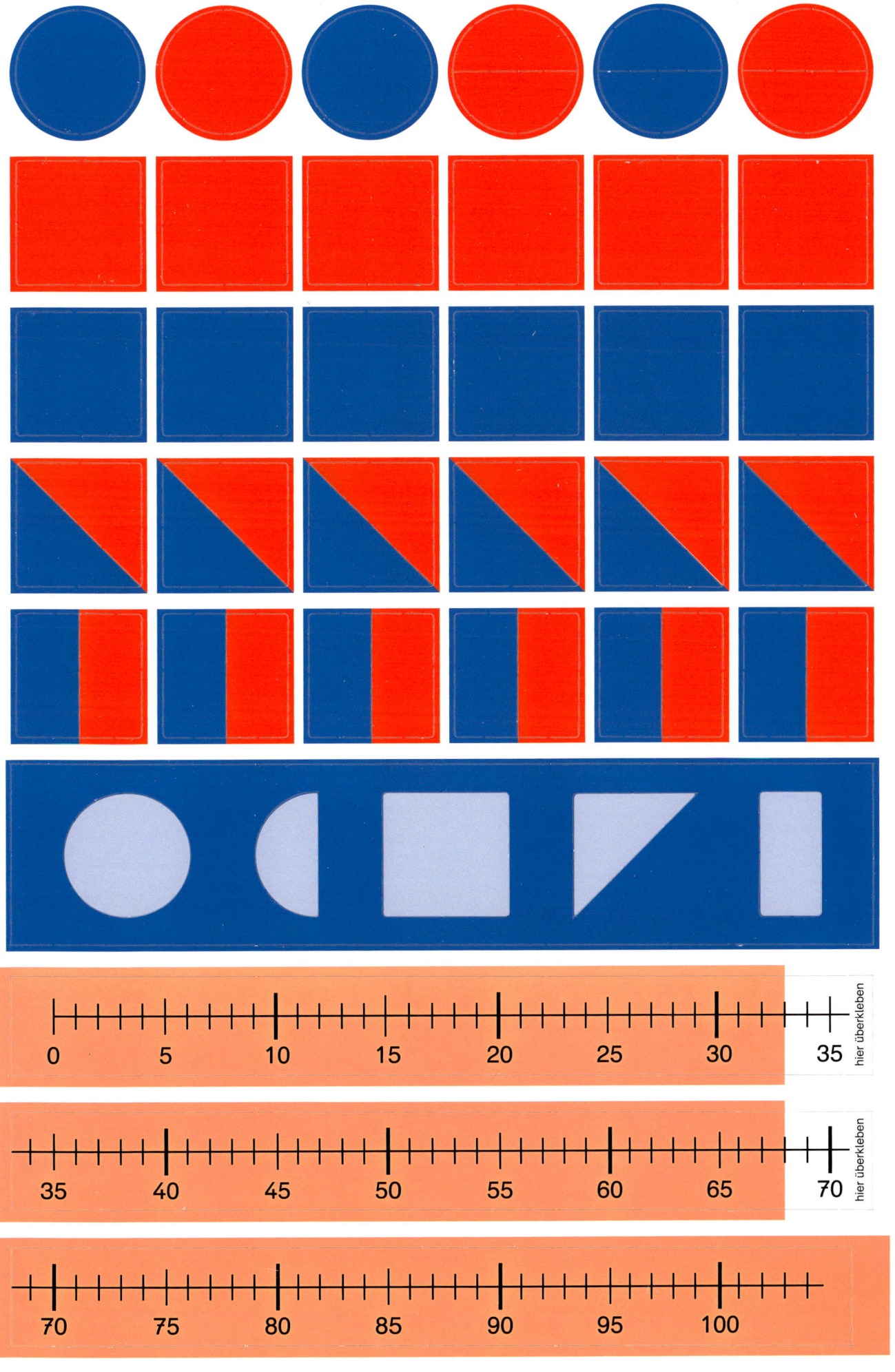

1	2	3	4	5
6	7	8	9	0

1	0	2	0	
3	0	4	0	
5	0	6	0	
7	0	8	0	
9	0	1	0	0

↑ ↑ ↑ ↑

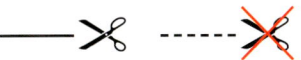